물어보기 부끄러워
묻지 못한
회계상식

물어보기 부끄러워 묻지 못한
회계상식

초판 1쇄 인쇄 2026년 1월 19일
초판 1쇄 발행 2026년 1월 26일

지은이   이병권
펴낸이   이종두
펴낸곳   (주)새로운 제안

책임편집   엄진영
디자인   프롬디자인
영업   김남권, 문성빈
경영지원   이정민, 김효선

주소   경기도 부천시 조마루로385번길 122 삼보테크노타워 2002호
홈페이지   www.jean.co.kr
쇼핑몰   www.baek2.kr(백두도서쇼핑몰)
SNS   인스타그램(@newjeanbook), 페이스북(@srwjean)
이메일   newjeanbook@naver.com
전화   032) 719-8041
팩스   032) 719-8042
등록   2005년 12월 22일 제386-3010000251002005000320호
ISBN   978-89-5533-675-7 (13320)

회계 기초원리부터 회계실무와 재무제표 활용까지

회계사도 알려주지 않는 회계상식 A to Z

물어보기 부끄러워
묻지 못한
회계상식

이병권 지음

    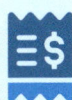  

새로운제안

돈을 못버는 것은 돈의 흐름을 모르기 때문이다

사업자에게 하루하루 매출과 비용은 생존을 좌우합니다. 매일 돈이 들어오고 나가는 삶을 삽니다. 가게문을 열고 하루 장사를 하면 매출은 발생하지만 재료비·인건비·임차료·배달수수료 등 비용이 수시로 빠져나갑니다. 그런데 하루하루 바쁘게 살다보면 정작 '내가 지금 돈은 벌고 있는 건가?'조차 모르는 경우가 허다합니다.

사업을 하면서 자신의 사업감각만 믿고 이익이 나는건지, 손해를 보는건지도 모르고 버티는 사업자가 의외로 많습니다. 사업에서 매출보다 더 중요한 건 순이익, 즉 '남는 돈'입니다. 특히 사업이 '잘

되는 것 같기도 하고 아닌 것 같기도 한' 모호한 상태가 가장 위험합니다. 매일 카드매출이 꽤 되니까 장사가 잘 되는 것으로 알고 있는데, 실제로는 매달 손실이 쌓이고 있는 경우가 흔합니다. 이런 일이 생기는 이유는 사업체에서 돈을 버는 구조가 회계를 통해 드러나는데, 회계를 모르거나 아예 관심이 없기 때문입니다.

대부분 "장사하기도 바쁜데, 굳이 내가 회계까지 챙겨야 하나?", "거래하는 세무사가 다 알아서 해줍니다" 라고 말합니다. 과연 그럴까요?

"내가 사장인데 회계까지 알아야 하나?"가 아니라 "사장이니까 회계를 알아야 한다"입니다.

투자자도 마찬가지입니다. 주식을 살 때 '감'으로만 판단하거나 뉴스기사, 유튜브 정보에 휘둘려 투자했다가 큰 손해를 보는 일이 많습니다.

이런 잘못된 판단 뒤에는 항상 '돈의 흐름'을 제대로 읽지 못한 문제가 있습니다. 투자여부는 기업의 올바른 재무정보를 근거로 판단해야 합니다. 겉보기 좋은 뉴스보다 손익계산서와 재무상태표 등 재무제표를 통해 기업의 참모습을 파악해야 합니다. **회계를 알면 투자하기에 '좋은 기업'인지 '나쁜 기업'인지를 숫자로 판단할 수 있습니다.** 감으로만 판단하는 것이 아니라 근거있는 합리적인 판단이 가능해지는 것입니다.

하지만 **재무제표가 단지 겉모습에 불과하다면 회계는 숨겨진 속이야기를 의미합니다.** 왜냐하면 회계를 어떻게 하느냐에 따라 겉모습이 얼마든지 달라지기 때문입니다. 그래서 국세청의 세무조사는 회계조사와도 같은 것입니다. 겉모습 속에 감추어진 속의 구린 이야기를 찾아내는 것입니다.

사업자든 투자자든 '돈의 흐름'을 읽는 능력이 중요한데, **회계과정을 통해 재무제표가 만들어지므로 회계를 알아야 돈의 흐름을 제대로 읽고 해석할 수 있습니다.** 회계숫자는 사업체가 어디에서 얼마나 돈을 벌고 있으며, 어디로 얼마나 돈이 새고 있는지를 알려줍니다.

이제는 많은 사람들이 사업을 하고, 누구나 투자를 해야만 하는 시대입니다. 플랫폼창업, 부동산투자, 주식투자가 일상이 된 시대입니다. AI시대에도 판단은 인간의 몫이며, 회계는 그 판단을 위한 도구이자 수단입니다. 하지만 돈의 흐름을 보여주는 회계를 모르면 아무 소용이 없습니다.

따라서 회계는 단순한 숫자가 아니라, 사업자는 물론 투자 생활을 하는 전 국민 모두가 자신의 재산을 증식하기 위해 필수적으로 알아야 할 기본언어입니다.

성공적인 사업경영과 재테크는
모두 회계에서 출발한다

자본주의 사회에서 회계를 모른다는 건 단순히 '모른다'는 문제로 그치지 않고 모르는 만큼 손해를 본다는 뜻입니다. 숫자를 이해한다는 것은 남들이 보지 못하는 정보를 본다는 뜻이기 때문입니다.

회계를 모르는 투자자는 회계로 드러나는 사업리스크에 속수무책으로 당할 수밖에 없습니다. 많은 사람들이 회계를 '복잡한 숫자'라고 생각합니다. 하지만 **회계는 단순히 숫자가 아니라 숫자 뒤에 숨어 있는 '스토리'입니다.**

회계숫자는 기업이 직접 말하지 않는 이야기, 예를 들어 사업의 비효율, 과잉투자, 사업리스크 등 위험신호를 말없이 알려줍니다. 이런 위험신호를 해석하고 알아차릴 수 있는 사람만이 기업의 진짜 속사정을 제대로 들여다볼 수 있습니다. 나아가 PBR, PER, ROE, 감가상각비, 이익잉여금과 같은 회계언어를 이해함으로써 고평가되거나 저평가된 기업을 가려낼 수도 있습니다.

회계는 그 결과로 사업체의 재무적인 모습을 보여주지만 세무와도 연결됩니다. 회계를 모르면 세금신고가 마냥 어렵고 두려운데다 국가가 계산해주는 대로 세금을 낼 수밖에 없습니다. 그러나 회계를 알면 내야 할 세금을 내가 먼저 파악하고, 적법한 절세전략도 미리 세울 수 있습니다. **세무리스크도 따지고 보면 잘못된 회계에**

서 생기는 것입니다.

손에 잡히는 회계는 내가 직접 해보는 회계다

사업체에서 움직이는 돈의 흐름을 알기 위해서는 회계를 직접
해보는 것이 가장 좋은 방법입니다. 더구나 요즘은 편리한 회계 프
로그램이 있어서 회계를 손쉽게 할 수 있습니다. 이 책에서는 단지
회계를 피상적으로 배우는 것에 그치지 않고 독자들이 **무료로 제공
되는 회계 프로그램을 설치한 후 회계를 직접 해봄으로써 사업의
전체 흐름과 윤곽을 잡을 수 있도록 했습니다.**

회계는 결코 '지루한 숫자'가 아니며 사업이 말해주는 언어이자
투자자를 도와주는 네비게이션과 같습니다. 결국 회계를 안다는 것
은 비즈니스에 대한 보편적인 통찰력과 판단기준이 생긴다는 의미
이며, 그래서 누구나 알아야 할 상식인겁니다.

이 책이 여러분을 회계문맹이 아니라 AI^Accounting Intelligence, 즉 회
계지능이 높은 스마트한 사람으로 만들어 드릴 것입니다.

저자 **이병권**

PART

①

기초편

CHAPTER ① 회계, 왜 누구나 알아야 하는 상식일까?

PART

실전편

CHAPTER **4** 사업체의 주요활동별 회계흐름은 매달 반복된다

PART

3

활용편

CHAPTER **5** 손에 잡히는 회계 – 직접 해봐야 사업과
돈의 흐름이 보인다

CHAPTER **6** 회계를 알고나니 재무제표를 보기가 훨씬 수월하다

PART

기초편

회계, 왜 누구나
알아야 하는 상식일까?

부자가 되려면 돈의 흐름,

회계를 알아야 한다

돈의 흐름을 알아야 한다

누구나 부자가 되고 싶어합니다. 하지만 돈의 흐름을 모르면 부자가 될 수 없습니다. 많은 사람들이 '돈을 많이 벌기만 하면 부자가 되겠지'라고 생각하지만 현실은 다릅니다. 돈의 흐름을 파악하고 관리하지 않으면 번 돈을 지키지 못하기 때문에 부자가 되기 어렵습니다.

예를 들어, 사업을 시작한지 몇 년만에 폐업을 하거나 로또에 당첨된 사람이 몇 년 안에 다시 무일푼이 되는 경우가 많은데 그 이유는 간단합니다. 돈이 들어오고 나가는 흐름을 관리하지 못했기 때문입니다. 그런데 돈의 흐름은 회계를 통해 드러나고 관리하는 것이므로 이때 바로 회계적인 안목과 시각이 필요합니다.

돈을 많이 벌어도 가난한 이유

많은 사람들이 "돈만 많이 벌면 가난에서 벗어날 수 있다"라고 믿지만, 현실은 그렇지 않습니다. 소득이 늘어나도 지출구조가 그대로이면 저축과 투자는 늘지 않습니다. 결국 통장은 항상 비어있게 됩니다. 즉, 돈을 대하는 태도가 변하지 않으면 돈을 많이 벌어도 돈은 불어나지 않습니다.

한 달에 500만 원을 버는 직장인 A씨와 300만 원을 버는 자영업자 B씨가 있습니다. 상식적으로는 A씨가 더 부자여야 합니다. 하지만 5년 뒤에는 오히려 B씨가 집을 사고 여유자금이 있는 반면에, A씨는 여전히 대출에 허덕입니다. 왜 이런 차이가 생겼을까요?

- A씨는 월급이 들어오면 신용카드로 소비부터 합니다. 월급날이 지나고 나면 돈이 어디로 갔는지도 모릅니다.
- B씨는 수입(매출)과 지출을 매일 기록했습니다. '오늘 원재료 매입비 얼마, 임차료 얼마, 순이익 얼마'라는 단순기록이 쌓이면서 돈이 어디로 새는지 알게 되고 이를 관리했습니다. B씨

는 번 돈을 미국 ETF에 투자해서 현재 투자금의 80%를 수익으로 달성하고 있습니다.

핵심은 벌어들이는 돈의 양이 아니라, 돈을 대하는 태도와 돈이 흐르는 길을 아는지 모르는지에 달려 있는 것입니다. 단순히 수입이 많다고 부자가 되는 게 아니며 돈의 흐름을 관리할 줄 아는 사람이 부자가 되는 것입니다.

돈의 흐름은 물줄기와 같다

회계의 결과보고서인 재무제표에는 다음에 나오는 6개의 항목이 표시되는데, 이를 통해 돈의 흐름을 알려줍니다.

| 재무제표상 돈의 흐름 |

● 수익(돈을 버는 것)이 발생하면 자산은 증가하고, 비용(돈을 쓰는 것)이 발생하면 자산은 감소하기 마련입니다. 이에따라 1년동안의 수익총액에서 비용총액을 빼면 순이익이 나오는데, 순이익만큼 해마다 순자산이 증가하는 것입니다.

● 부채를 늘리거나 줄이는 것은 순자산에 아무 영향이 없습니다. 은행에서 대출을 받으면 자산이 늘지만 동시에 부채도 늘어나서 순자산은 그대로이기 때문입니다. 오히려 대출로 이자비용이 늘어나서 순이익과 순자산이 줄어들게 됩니다. 결국 순자산을 불려주는 핵심변수는 순이익입니다.

돈의 흐름은 물줄기와 같으므로 6개 항목을 자연에 비유하면 다음과 같습니다.

● 수익
거대한 자산에 도달하기 위해 먼저 올라가야 할 높은 봉우리 (수익봉)

● 비용
수익봉에 도달하기 위해 올라가야 하는 계곡으로서 수익봉에서 흘러내린 물의 통로(비용계곡)

● 이익
수익봉에서 비용계곡을 타고 흐르는 소중한 생명수와 같은 물(이익천)

● 자산
수익봉을 거치고 자본호를 건너야만 갈 수 있는 거대한 산

● **부채**

이익천의 물은 부채골(계곡)을 거쳐서 자본호로 들어가는데 부채골의 깊이가 깊을수록(부채가 많을수록) 자본호로 유입되는 물의 양은 적어집니다.

● **자본**

부채골로 새지 않은 채, 자본호수에 저장된 이익천의 물

| 회계지도 |

높은 산에 아무리 많은 비가 내려 이익천의 물이 불어나도 비룡 계곡으로 유실되거나 부채골의 지류로 새나가면 자본호수는 절대 채워지지 않습니다. 그러나 회계를 알면 비룡계곡과 부채골 등 옆

으로 새는 물의 양을 조절해서 자본호수에 물이 가득차도록 만들 수 있습니다.

회계는 돈의 흐름을 알려주는 내비게이션이자 돈을 지켜주는 안전벨트이다

자동차로 여행을 갈 때 지도를 보지 않고 달리면 어디에 언제쯤 도착할지 알 수 없습니다. 운이 좋으면 목적지 근처에 가겠지만, 잘 못하면 돌아가거나 길을 잃고 기름만 낭비합니다. 돈을 관리하는데 도 마찬가지로 내비게이션이 필요합니다.

회계는 단순히 장부를 기록하는 것이 아니라, **돈이 어디에서 들 어와 어디로 나가는지 알려주는 내비게이션**입니다. 아울러 돈이 불 필요하게 새는 것을 알려주고 지켜주는 안전벨트의 역할도 합니다.

- 내 월급이 어디로 새고 있는가?
- 내 사업에서 어떤 비용이 이익을 갉아먹고 있는가?
- 지금의 수입과 소비 패턴을 유지하면 5년 후 내 자산은 얼마 가 될까?
- 은퇴 후의 현금흐름은 얼마나 될까?
- 예상수입과 예상지출을 비교했을 때 순이익이 날 수 있는가?

이 질문에 답할 수 있는 사람이 결국 부자가 됩니다. 자본주의 사회에서 돈은 돈의 흐름을 모르는 사람으로부터 아는 사람에게로 이전됩니다. 돈의 흐름을 읽는 능력, 즉 회계를 아는 사람은 설령 적은 돈을 벌어도 그것을 지키고 불려나갈 수 있습니다. 반대로 아무리 많은 돈을 벌어도 돈의 흐름인 회계를 모르면 결국 잃게 됩니다.

회계는 '돈의 흐름을 정리하는 언어'다

우리가 외국에 나가면 언어를 몰라서 소통에 불편을 겪듯이 돈과 경제의 세계에서도 돈의 언어인 회계를 모르면 그 의미를 이해하고 운용하는 것이 불가능합니다. 회계는 단순한 숫자 나열이 아닙니다. **숫자가 보여주는 돈의 스토리**입니다.

예를 들어, "이 회사는 매출이 100억 원이고, 순이익이 5억 원이다"라는 말은 단순한 수치가 아니라, **이 회사가 해마다 돈을 얼마나 벌어들이고, 얼마나 남기는지**를 보여주는 하나의 스토리입니다.

회사의 주식에 투자할 때도, 사업을 할 때도, 가정에서도 우리는 모두 회계라는 언어로 서로 소통하고 있습니다. 문제는 많은 사람들이 회계라는 언어를 배운 적이 없다는 겁니다. 그래서 '좋다더라'

라는 말에 휘둘려 묻지마 투자를 하다가 투자손실을 보기도 하고, 훗날 상환가능성을 따져보지도 않고 그냥 '괜찮겠지'라는 막연함 속에 함부로 대출을 받기도 합니다.

　세상만사가 다 돈으로 귀결되는 자본주의 사회에서 회계언어를 배우면 돈의 흐름을 제대로 보고 들을 수 있습니다. 회계언어를 모르면 회계는 한낱 복잡하고 골치아픈 소음에 불과합니다. 하지만 알고 나면 명확한 의미가 보이고 편리합니다.

| 같은 뉴스라도 회계를 아는 사람과 모르는 사람의 반응은 다르다 |

상황	회계를 모르는 사람	회계를 아는 사람
'매출 1조 달성' 뉴스	매출규모가 큰 대기업으로 안전하니까 무조건 투자해야지	매출이익률·부채비율 등을 따져보고 투자해야지
'적자전환' 뉴스	망했네!!.. 당장 팔아야지	일시적인 적자라면 현금흐름과 재무구조를 따져보고 흑자전환을 노린 투자기회로 삼아야지
'부채증가' 뉴스	빚이 늘었으니 위험하다	미래 성장을 위한 설비투자 때문이라면 투자기회일 수도 있겠다

투자든, 사업이든
숫자를 모르면 당한다

주식투자이든, 부동산투자이든, 사업을 하든, **숫자를 모르면 반드시 손해를 보게 되어 있습니다**.

예를 들어 어떤 사람이 카페를 창업했다고 가정해 보겠습니다. 매출은 한 달에 2,000만 원이 나오는데 정작 순이익은 거의 없습니다. 그 이유는 인건비·임차료·원재료비로 번 돈의 대부분이 다시 빠져나갔기 때문입니다. 매출 숫자만 보고 '장사가 잘 된다'고 착각하면, 처음부터 시작해서는 안되는 사업에 뛰어들었거나 사업이 망할 수도 있습니다.

주식투자도 마찬가지입니다. '이 회사는 유명하니까', '다른 사람들이 사니까'라는 이유로 주식을 사는 건 도박과 다름없습니다. 투자에 앞서 재무제표의 몇 가지 숫자만 체크해봐도 이 회사가 망해가는 중인지 아니면 점점 성장하는 회사인지 알 수 있습니다.

사업이든 투자든 시장은 싸움터이고 숫자를 보는 눈은 돈을 벌고 지키기 위한 칼과 방패와 같습니다. 칼과 방패없이 무방비 상태로 싸움터에 나서면 당할 수밖에 없습니다. 회계상식은 주식투자자와 사업자가 갖추어야 할 최소한의 방패이자 무기입니다.

특히 숫자로 측정되고 표시되지 않는 것은 관리하기가 어렵기 때문에 사업경영의 본질은 사업결과로 드러난 숫자를 보고 관리하는 것입니다. 따라서 매출이나 이익 등 사업목표를 달성하고 사업성과를 내기 위해서는 추측이나 감^{feel}이 아니라 객관적인 숫자를 가지고 관리해야 합니다. 이 경우 숫자를 재빨리 읽고, 이해하고, 기억하는 능력을 '**숫자력**'이라고 합니다.

사업체에서 가장 중요한 숫자는 '**원가**'입니다. 모든 사업에는 매출수익을 얻기 위한 '원가'가 발생하는데 이를 각각 매입원가, 제조(생산)원가, 공사(현장)원가, 서비스원가라고 합니다.

원가는 사후적으로는 사업체의 이익을 결정하는 핵심항목이지만 사전적으로는 상품·제품 및 서비스용역의 판매가격을 결정하는 요소입니다. 만약 원가가 누락된다면 그에 따라 판매가격도 낮게 정해질 수밖에 없으며, 이는 그대로 손실로 이어집니다.

숫자력이 부족해서 자신이 매출한 제품이나 서비스의 "정확한 원가를 모른채 대충 원가를 산정하여 판매했더니 아무리 열심히 일을 해도 통장에 돈이 남지 않더라"는 말을 자주 듣습니다.

사업을 하지 않는 직장인에게도 숫자력은 필요합니다. 전략기획부서나 자금부서는 아예 숫자를 다루는 핵심부서이므로 이들 부서의 직원에게는 숫자력을 아무리 강조해도 지나치지 않습니다.

영업사원에게도 숫자력은 필수적입니다. 거래 상대방에 대한 가격 및 신용정책관련 협상에서도 상대 기업의 상황을 숫자로써 정확하게 파악하고 있다면 훨씬 더 유리하게 또는 부드럽게 거래를 이끌어 나갈 수 있기 때문입니다.

흔히 "숫자는 혼동되기 때문에 잘 떠오르지 않고, 복잡하고 부담되니 자연히 멀리하게 된다"고 말합니다. 그래서 숫자력을 키우는 훈련이 필요한 것입니다.

이 책에도 계속적으로 숫자가 등장합니다. 숫자력을 키우는 가장 좋은 방법은 일단 숫자를 가까이 하고 친숙해지는 것입니다. 조금만 훈련하면 숫자가 그리 낯설거나 복잡하지 않음을 알게 됩니다.

숫자력으로
AQ와 FQ를 높여야 한다

사업체에서는 매일 매일의 거래를 통해 수익과 비용이 반복적으로 발생하고, 그 결과 순자산이 증가하기도 하고 감소하기도 하는데, 이 모든 것이 회계를 통해 숫자로 기록되고 드러납니다. 만약 숫자에 어둡다면 회사의 매출이 매월 어떻게 달라지고 있는지, 지난 달보다 무슨 비용이 얼마나 추가로 지출됐는지, 지금 회사의 자산과 부채가 얼마나 되는지 등을 머릿속에 담을 수 없으며 올바르고 신속한 판단과 의사결정이 불가능해집니다.

사업에 대한 통찰력insight**은 숫자를 보는 힘, 즉 숫자력으로부터 생기는 것이므로 숫자력을 확보하지 않고서는 사업감각은 물론 경영에 대한 통찰력도 가질 수가 없습니다.**

숫자감각을 통해 회계감각을 높일 수 있으며, 회계감각을 통해 재무감각도 높일 수 있습니다. 지능지수(IQ)와 마찬가지로 회계감각의 정도를 회계지수(AQ), 재무감각의 정도를 재무지수(FQ)라고 하는데 이들을 끌어 올림으로써 비로소 사업경영에 대한 통찰력과 투자에 대한 판단력도 생기게 됩니다.

독자 여러분들이 아직은 책을 다 읽은 상태가 아니지만, 다음 질문에 대한 답을 통해 자신의 AQ와 FQ가 어느 정도인지 알아보겠습니다.

AQ 및 FQ 사전테스트 질문지

1. 영업이익은 주주에게 분배될 이익이다. (O X)
2. 당기순이익이 발생하기만 하면 주주에게
   배당금을 줄 수 있다. (O X)
3. 선수금은 부채이므로 적을수록 좋다. (O X)
4. 원가는 생산현장인 공장에서만 발생하는 것이다. (O X)
5. 매출채권이 증가하는 것은 바람직한 일이다. (O X)
6. 자본도 상황에 따라서는 마이너스가 될 수 있다. (O X)
7. 장기부채가 단기부채보다 더 위험하다. (O X)
8. 영업이익이 2억 원이면 사업활동으로 2억 원의 돈을
   실제로 벌었음을 의미한다. (O X)
9. 매출수익은 상품·제품을 판매하고
   대금을 받았을 때 인식한다. (O X)
10. 매출이 감소하더라도 매출이익률은 그대로이다. (O X)

지금은 비록 위 질문에 대한 답을 완벽하게 다 맞추지 못했다고 하더라도 이 책을 읽고 나면 이 질문이 매우 간단한 질문이었다는 것을 알게 될 것이며, 그만큼 여러분의 AQ와 FQ가 향상되었다는 증거일 것입니다.

▲ 정답은 36쪽에 있습니다.

회계는 전문가만
알아야 하는 것이 아니다

많은 사람들이 회계를 '회계사·세무사 등 전문가들이 다루는 특수한 영역'이라고 생각합니다. 하지만 의료상식이 고령화·장수시대에 건강하게 살기 위해 누구나 알아야 할 상식인 것처럼 갈수록 사업자와 투자자가 넘쳐나는 자본주의 사회에서 **회계도 모든 사람이 알아야 하는 생활상식**입니다.

예를 들어, 자영업자는 회계를 통해 하루 매출과 지출을 스스로 파악하고 정리합니다. 직장인이 월급통장에서 적금과 개인연금을 붓고 대출원리금을 갚은 것을 정리하는 것도 돈의 흐름, 즉 회계입니다. 주식투자자가 재무제표에서 매출과 영업이익을 확인하는 것도 돈의 언어인 회계를 알아야 가능합니다.

회계를 모르면 세금에서도 손해를 봅니다. 같은 소득이라도 누구는 세금을 적게 내고, 누구는 불필요하게 많이 냅니다. 차이는 회계를 아느냐 모르느냐에 따라 생기는 겁니다.

세무사 말만 믿고 있다가 세금폭탄을 맞는 자영업자, 겉보기만 그럴듯한 투자설명서에 속아 투자금을 날리는 투자자, 이들의 공통점은 회계를 모른다는 것입니다. 재고투자가 왜 위험한지, 감가상각이 뭔지, 당기순이익과 영업이익의 차이가 뭔지조차 모르면 누군가의 잘못된 계산과 유혹에 휘둘릴 수밖에 없습니다. 회계를 모르면 사업내용의 의문점에 대해 '정확한 질문'조차 할 수 없으며 ChatGPT나 Gemini가 아무리 친절히 설명해줘도 이해하기 어렵습니다.

따라서 회계는 더이상 전문가의 전유물이 아니라, **모든 국민이 알아야 할 기본 상식**입니다. 지금은 모든 사람이 글자를 읽고 쓸 줄 알기 때문에 옛날처럼 문맹이라는 단어를 사용하지 않습니다.

그러나 회계숫자를 보고 이해하고 활용하지 못하는 회계문맹들은 의외로 많습니다. 회계문맹에서 탈출하고 내 돈이 새어나가는 것을 막기 위해서는 지금부터라도 회계상식을 갖추어야 합니다.

상식 수준의 회계만

알아도 충분하다

회계를 배워야 한다고 말하면 많은 사람들이 "복식부기·분개·재무제표… 너무 복잡해 보여요." 라면서 겁부터 먹습니다. 하지만 사업이나 투자 등 경제활동에서 필요한 것은 **상식 수준의 회계 지식**이면 충분합니다.

예를 들어 이런 정도만 알아도 투자생활과 사업에서 큰 도움이 됩니다.

- 매출 - 비용 = 이익이라는 손익의 기본 구조
- 자산·부채·자본의 의미와 차이
- 사업체의 이익성과가 자산·부채에 미치는 영향
- 이익과 현금흐름이 다를 수 있다는 점

- 사업할 때 이익을 내기 위해 관리해야 할 회계항목
- 세금신고에서 꼭 챙겨야 할 비용과 공제 항목
- 투자할 때 꼭 챙겨서 봐야 할 회계항목

이 정도만 알아도 투자사기를 피할 수 있고 세금을 줄일 수 있으며 내 돈의 흐름을 제대로 이해할 수 있습니다. 회계의 바다는 깊고 넓지만 회계사처럼 그 전부를 파고들어서 알아야 할 필요는 없습니다.

즉, **전 국민이 회계사가 될 필요는 없지만, 전 국민이 회계 상식을 가져야 한다**는 것이 이 책의 메시지입니다. 그 정도의 상식만으로도 돈 앞에서 피해당하지 않고 스스로를 지켜내고 부자가 될 수 있습니다.

AQ 및 FQ 사전테스트 정답 및 해설

1. **영업이익은 주주에게 분배될 이익이다.**   X

⇒ 영업이익으로 우선 차입금에 대한 이자를 지급하고 세금을 내고 남은 금액이 주주의 몫이다.

2. **당기순이익이 발생하기만 하면 주주에게 배당금을 줄 수 있다.**   X

⇒ 배당은 당기순이익을 포함한 이익잉여금으로 지급하는 것이므로 이익잉여금과 현금성자산이 모두 충분해야 가능하다.

3. **선수금은 부채이므로 적을수록 좋다.**   X

⇒ 선수금은 미리 받은 계약금이나 중도금이므로 돈으로 돌려주는 부채가 아니라, 훗날 제품이나 서비스를 공급할 때 매출과 상계되는 부채이므로 많을수록 미래 매출이 많음을 시사한다.

4. **원가는 생산현장인 공장에서만 발생하는 것이다.**   X

⇒ 매장이나 영업점에서 발생하는 판매관리비도 매출을 통해 회수해야 하는 간접원가이다.

5. **매출채권이 증가하는 것은 바람직한 일이다.**   X

⇒ 매출채권이 비정상적일 정도로 증가하면 현금흐름에 문제가 생기며 장기간 미회수상태로 방치하면 회수가능성이 낮아 부실채권이 될 위험이 커진다.

6. **자본도 상황에 따라서는 마이너스가 될 수 있다.**   O

⇒ 완전자본잠식이란 자본을 모두 까먹은 상태로서 자산보다 부채가 더 많아 자본이 마이너스(-)인 상태를 의미한다.

7. 장기부채가 단기부채보다 더 위험하다.   X

⇒ 단기부채는 결산일로부터 1년 이내에 상환해야 하므로 장기부채보다 더 위험하다.

8. 영업이익이 2억 원이면 사업활동으로 2억 원의 돈을 실제로 벌었음을 의미한다.   X

⇒ 회계상 손익은 현금기준이 아닌 발생기준으로 계산하므로 영업이익과 영업활동으로 인한 현금흐름은 일치하지 않는다.

9. 매출수익은 상품·제품을 판매하고 대금을 받았을 때 인식한다.   X

⇒ 판매시점에 재화나 서비스가 상대방에게 이전되었고, 대금청구권이 확보된 것이므로 대금수령여부와 상관없이 판매시점에 매출을 인식한다.

10. 매출이 감소하더라도 매출이익률은 그대로이다.   X

⇒ 매출이 감소해도 인건비·임차료 등 고정비는 감소하지 않기 때문에 매출액 대비 이익의 비율(매출이익률)은 하락한다.

분개를 해보면
회계의 기초원리를 알게 된다

회계를 하는
이유가 뭘까?

"내가 회계사도 아닌데 굳이 회계를 알아야 하나?"

"나는 회사에서 영업이나 IT관련 일을 하는데 왜 회계를 알아야 하는거지?"

"장사하기도 바쁜데 굳이 내가 회계까지 챙겨야 하나? 거래하는 세무사가 다 알아서 해줄텐데....."

정말 그럴까요?

"내가 사장인데 회계까지 알아야 하나?"가 아니라 사장이니까 회계를 알아야 하는 겁니다.

김민수 사장은 작년 10월에 수제버거 가게를 개업했습니다. 개업초기에는 고전했지만 지금은 그럭저럭 잘 되고 있습니다. 손님도 꾸준히 오고 하루 매출도 80~100만 원으로 나쁘지 않았습니다. 그런데 문제는 세금이었습니다. 첫 부가가치세와 종합소득세신고 때부터 난관에 부딪쳤습니다.

"어? 내가 낼 세금이 이렇게나 많다고요?"
"매출은 많은데 왜 통장에 돈이 없죠?"
"통장에 잔고가 별로 없는데 세금을 어떻게 내지요?"

그제야 김사장은 처음으로 '장부'라는 것을 들여다봤습니다. 그리고 **"장사를 아무리 잘해도 회계를 모르면 손해를 볼 수 있다"**는 중요한 사실을 깨달았습니다.

회계는 자동차의 '백미러'와 같습니다. 자동차를 운전할 때 백미러 없이 달릴 수 있을까요? 앞만 보고 가면 언젠가는 사고가 나기 마련입니다. 회계는 사업활동을 뒤돌아보는 백미러와 같은 존재입니다.

지난해 또는 지난달의 매출은 어땠고, 원가는 얼마나 들었고, 손익은 어떻게 나왔는지를 보여주는 유일한 도구입니다. 따라서 회계를 모르면 얼마를 어떻게 벌었는지 알 수 없으며 지나간 과거를 돌아보고 잘못된 점을 개선할 수도 없습니다. 지나온 과거를 모르니 앞으로 어떻게 해야 돈을 벌수 있을지도 알 수 없습니다.

돈을 못버는 1차적인 이유는 매출이 부진해서입니다. 하지만 매출이 아무리 많아도 매출의 상당부분이 비용으로 다시 새나가면 남는 게 없습니다. 그런데 회계를 하지 않으면 비용 중에서 무슨 비용이 문제인지 도무지 알 수 없는 겁니다.

나아가 세금을 얼마나 내야 할지도 전혀 감이 잡히지 않습니다. 부가가치세는 고객으로부터 받아서 내는 세금이므로 내야 할 금액이 이미 회계장부에 나타나 있습니다. 종합소득세도 회계장부에 드러난 손익으로 얼마든지 미리 예상할 수 있습니다. 더구나 회계를 통해 절세도 가능한데, 회계를 안하면 이런 것을 모두 놓치게 됩니다.

또한 회계를 모르면 은행대출을 받는데도 불이익을 당합니다. 김사장이 개업한지 1년 뒤에 대출금의 만기를 연장하려고 하니 은행에서 금리를 올리겠다고 합니다. 이유는 신용점수가 떨어졌기 때문입니다. 은행에서는 매출과 이익 및 현금잔고 등 여러 가지 회계수치가 나빠져서라는데, 이 모든 일이 김사장이 회계를 몰랐기 때문입니다. 회계를 알고 미리 관리했더라면 금리가 올라가는 불이익도 미리 예방할 수 있었습니다.

그러므로 회계는 선택이 아니라 필수적으로 알아야 할 비즈니스의 언어입니다. 사업은 매출과 이익 등으로 성과를 나타내고 자산·부채·자본으로 재무상태를 나타내는데, 이 모든 것들을 숫자로 표현하는 방식이 '회계'입니다.

결국 회계를 알면 사업체의 사업성과와 재무상태를 한눈에 파악할 수 있는 혜안을 갖게 되는 셈입니다. 이를 통해 사업성과도 개선하고 투자성과도 달성할 수 있습니다.

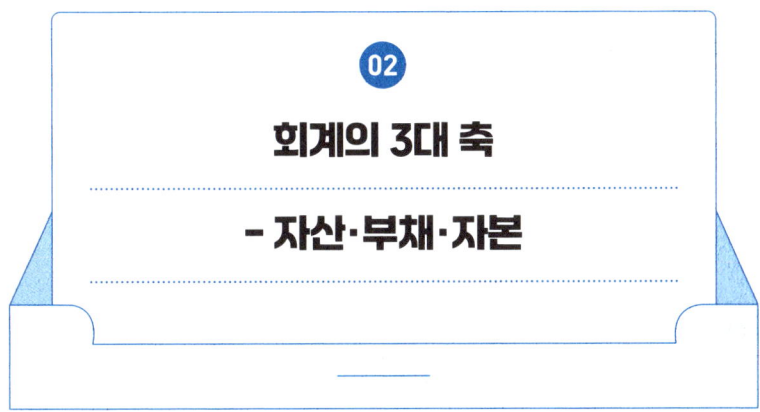

회계의 기본은 매우 단순한 하나의 공식으로 설명할 수 있습니다.

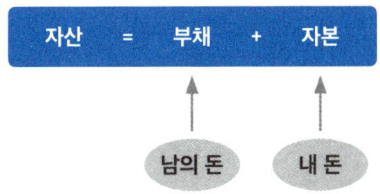

이것이 우리가 흔히 말하는 재무상태표의 핵심구조입니다.

지금부터 이 공식을 풀어보겠습니다. 사업을 하려면 사업자본이 필요합니다. 자기 돈만으로 사업하는 경우도 있지만 대부분은 대출을 받아서 사업을 시작합니다. 이때 자신이 투자한 돈이 자본(자기자본이라고 함)이며, 대출받은 남의 돈은 부채입니다. 다같이 사업에 투자된 돈이지만 부채는 반드시 갚아야 하는 남의 돈이므로 자본과는 성격이 다르기 때문에 달리 표현하는 겁니다.

예를 들어 어떤 사람이 그동안 모은 자기 돈 1억 원에 대출금 2억 원을 더한 3억 원으로 커피전문점을 차린다면 사업체에 모두 3억 원의 자금이 투자된 것이며 이는 통장에 들어있는 사업체의 자산금액과 똑 같습니다. 즉, '자산(3억 원) = 부채(2억 원) + 자본(1억 원)'이라는 등식이 성립합니다.

| 재무상태란? |

또한 총자산은 3억 원이지만 갚아야 할 은행 돈 2억 원을 빼고 나면 실질적인 순자산은 1억 원인 셈인데, 이를 등식으로 표현하면 '자산(3억 원) - 부채(2억 원) = 자본(1억 원)'이 됩니다.

결국 자산금액에는 남의 돈이 포함된 것이므로 자산에서 부채를 차감한 자본이 순수한 자기돈(순자산)입니다. 은행에서 주택담보대출로 4억 원을 빌려 10억 원의 아파트를 구입했다면 비록 10억 원의 주택자산을 갖고 있지만 부채를 뺀 순자산은 6억 원인

회계상식

것과 마찬가지입니다.

자본을 불리기 위해서는 돈을 많이 벌어야 합니다. 해마다 근로나 사업 등으로 번 돈에서 쓴 돈을 뺀만큼, 순자산이 불어나며 투자수익이나 집값 상승으로도 불어날 수 있습니다.

| 이익성과에 따른 순자산(자본)의 변화 |

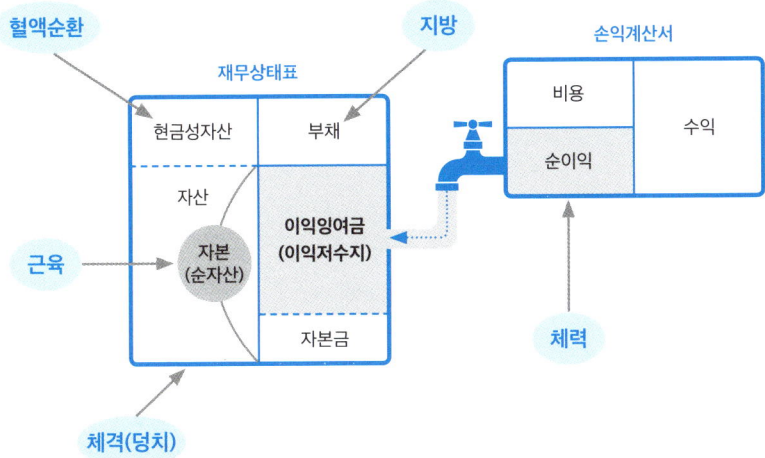

▲ 재무상태표의 자산총계는 사업체에 투자된 돈의 규모를 보여주는데, 이는 사람의 체격(덩치)과 같습니다. 그런데 체격 못지 않게 중요한 것이 체력이므로 사업체도 자산규모에 걸맞는 성과(순이익)를 내는 것이 중요합니다.

▲ 손익계산서의 순이익은 사업체의 이익창출력으로서 체력과도 같습니다. 순이익은 매년 자본으로 흘러들어가 이익저수지(이익잉여금)에 쌓이는데, 사업체가 건강하려면 자본이 튼실해야 하므로 자본은 근육과도 같습니다. 체력이 좋으면 근육이 많아져 건강해지지만 순이익이 적거나 마이너스라면 있던 근육도 줄어들고 지방(부채)이 많아지면서 사업체가 부실해집니다.

▲ 한편 순이익이 아무리 많아도 돈으로 회수되지 않으면 소용이 없으므로 현금이나 현금성자산의 증가는 더욱 중요한데, 아무리 체격과 체력이 좋고 근육이 많아도 혈액순환이 안되면 위험하듯이 사업체도 순이익 못지 않게 현금흐름이 좋아야 합니다. 이런 모든 내용들이 회계를 통해 재무제표에 드러나게 됩니다.

순자산이 많은 사람을 부자라고 부릅니다. 부자가 되기 위해서는 일단 돈을 많이 벌어야 하는데 번 돈으로 부채를 갚거나 부채를 그대로 둔채, 더 큰 집으로 이사해서 점점 순자산이 불어나는 것입니다.

결산일 현재 사업체가 가지고 있는 자산·부채·자본의 금액이 얼마나 되는지를 '**재무상태**'라고 표현합니다. 사업체가 아닌 개인에게도 각자의 재무상태가 있습니다. 다만 개인은 사업체와 달리 자산과 부채의 유형이 단순할 뿐입니다. 개인의 자산은 주로 예금과 주식·펀드 그리고 살고 있는 집을 포함한 부동산(무주택인 경우에는 전세보증금)과 자동차 등으로 구성됩니다. 부채는 대부분 은행대출금과 카드빚으로 구성됩니다.

커피전문점의 순자산이 지금은 비록 자신의 투자금인 1억 원과 같지만 이후 사업의 성과에 따라 늘어날 수도 있고 줄어들 수도 있습니다. 사업의 목적은 돈을 버는 것인데, 회계적으로 표현하면 사업체의 순자산을 불려나가는 것이 사업목표입니다.

그렇게 하려면 통장의 돈 3억 원을 여러 가지 사업자산으로 바꾸어서 이를 통해 많은 매출을 달성하고 각종 비용을 차감한 순이익이 충분히 나와야 합니다. 만약 손익계산결과 5,000만 원의 순이익이 나왔다면 사업체의 순자산은 1억 5,000만 원으로 늘어나게 되고, 이를 통해 사업을 더 확장하거나 부채를 갚을 수 있습니다. 이런 순이익이 지속되면 시간이 갈수록 자본은 점점 증가하고

회계상식

부채는 줄어들어서 재무상태가 점점 좋아지는 것입니다.

하지만 손실이 난다면 오히려 자신이 투자한 자본금을 까먹을 수도 있으며 그런 상태가 지속되면 자본은 계속 줄어들고 부채가 늘어나서 재무상태가 점점 나빠지게 됩니다. 결국 재무상태를 좌우하는 것은 사업성과이며 사업성과에 따라 재무상태가 변하는 것입니다.

자산이란 사업체가 가지고 있는 여러 가지 경제적 가치로서 '**미래에 돈이 될 수 있는 것**'을 의미합니다. 예를 들어 통장에 있는 예금, 거래처로부터 받을 외상매출금과 카드미수금 등 매출채권, 가게에 쌓여 있는 재고자산(원재료·식자재·상품·제품 등), 사업활동에 필요한 차량이나 장비·기계·비품 등이 자산에 속합니다. 따라서 자산은 미래에 돈으로 회수되는 것들입니다.

이에 반해 **부채**는 남에게 갚아야 할 돈이니까 '**미래에 나갈 돈**' 이라고 보면 됩니다. 예를 들어, 거래처 외상대금 등 매입채무, 카드 미지급금, 은행대출금, 월세 미납액 등과 같이 미래에 언젠가는 나갈 돈이 약속(예정)된 것입니다.

자본은 미래에 들어올 돈(자산)에서 나갈 돈(부채)를 뺀겁니다. 결국 사업체의 순자산을 의미하는 것이며 자산이 많을수록, 부채가 적을수록 자본은 많아져서 부자회사가 되는 겁니다. 이때 순자산인 자본에서 초기 투자금인 자본금을 빼면 그동안 사업체가 번 돈이 나오는데, 이를 **이익잉여금**(법인에서 사용하는 용어이며 개인사업체는 이익잉여금을 따로 구분하지 않음)이라고 합니다.

이익잉여금은 그동안 순이익이 쌓인 금액으로서 사업을 통해 그동안 벌어들인 금액(이익이 났어도 아직 받지 못한 돈이 있고, 각종 자산에 재투자된 돈이 있기 때문에 이익잉여금 금액이 그동안 번 돈과는 일치하지 않으며 현재 갖고 있는 돈과도 차이가 있다)이라고 생각하면 됩니다.

예를 들어 사업 첫해인 작년의 순이익이 1억 원이고 올해 순이익이 2억 원이라면 누적순이익, 즉 이익잉여금은 3억 원입니다. 하지만 현재 받지 못한 매출채권이 6,000만 원이라면 2년 동안 번 돈(현금)은 2억 4,000만 원이며 장비취득에 2억 원을 사용했다면 현금잔액은 4,000만 원에 불과한 것입니다. 하지만 매출채권도 장비도 모두 사업체가 자산으로 보유하는 것이므로 총자산은 3억 원이 불어난 것입니다.

결국 사업체의 순자산(자본)이 증가하려면 해마다 순이익이 나와야 하며 순이익만큼 매년 자본이 불어나는 겁니다.

앞서 언급한 커피전문점의 1년 후 재무상태표를 다음과 같이 상상해 보겠습니다.

항목	금액
자산 (예금·재고자산·차량 등)	3억 8,000만 원
(-) 부채 (대출금·외상대금·미지급금 등)	(-) 2억 5,000만 원
자본 (순수한 사업주의 재산)	1억 3,000만 원

● 3억 8,000만 원(자산) = 2억 5,000만 원(부채) + 1억 3,000만 원(자본)
● 3억 8,000만 원(자산) - 2억 5,000만 원(부채) = 1억 3,000만 원(자본)

▲ 자본총액 1억 3,000만 원에서 초기투자금인 자본금 1억 원을 **빼면** 1년동안 발생한 순이익이 3,000만 원임을 알 수 있습니다.

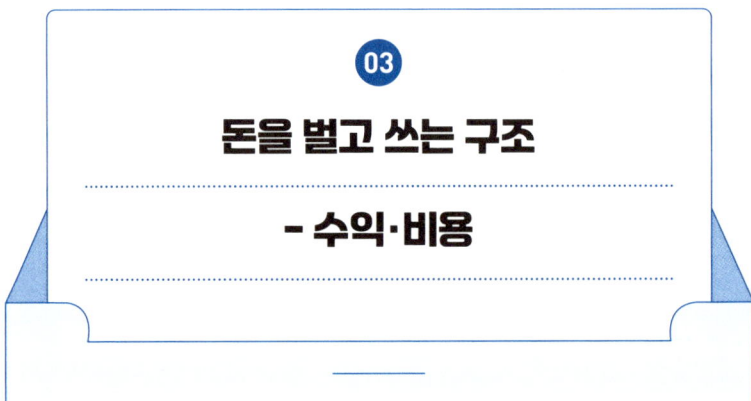

03
돈을 벌고 쓰는 구조
- 수익·비용

사업체도 개인과 마찬가지로 순자산이 많아야 좋은 회사와 비싼 회사가 될 수 있는데, 순자산을 늘리려면 이익성과를 많이 내야 합니다. 사업은 매년 수익을 얻고, 수익을 얻기 위해 필요한 각종 비용을 지출해서 이익을 남기는 구조입니다. 여기서 중요한 건 수익과 비용을 계산하는 방법입니다.

대부분의 수익과 비용은 그 거래결과 각각 돈이 들어오거나 나가게 됩니다. 그런데 비록 돈이 들어오거나 나가지 않았더라도 수익과 비용이 발생했다면 발생시점에 회계(전산입력)를 해야 하는데, 이런 손익계산기준을 **발생주의**라고 합니다. 즉, 발생주의는 현금이나 예금의 입금·지출과는 상관없이 발생시점을 기준으로 손익을 계산하는 방법입니다.

예를 들어, 프리랜서 사업자가 12월에 100만 원짜리 일을 하고, 다음 해 1월에 돈을 받았다면 100만 원의 매출수익은 12월에 발생한 것으로 올해 수익에 포함돼야 합니다. 이는 세금계산과도 관련되는데, 세법에서도 매출은 발생기준(엄밀히 표현하면 세법의 손익계산기준은 권리의무 확정주의인데 수익은 돈을 받을 권리가 확정된 때, 비용은 지급의무가 확정된 때를 기준으로 하는 것입니다. 매출수익은 재화·용역을 제공한 시점에 돈을 받을 권리가 확정되는 것이므로 이때 수익이 발생한 것이며 확정된 것입니다)으로 신고해야 합니다.

같은 원리로 12월의 전기요금이 다음 해 1월에 고지서가 날라와서 납부했더라도 비용은 전기를 사용한 12월에 발생한 것이며 사용한 만큼 지급의무가 확정된 것이므로 12월의 비용으로 들어가야 합니다.

임대료도 마찬가지입니다. 임차인으로부터 11월과 12월분의 임대료를 받지 못했다고 하더라도 매월 날짜가 되면 돈받을 권리, 즉 임대료수익이 발생하는 것이므로 이를 매월 수익에 포함시켜야 하며, 임차인도 비용에 포함시켜야 합니다.

그런데 이 경우 수익에 포함시키면 임대인의 입장에서는 돈을 아직 받지도 못했는데, 세금(부가가치세와 소득세(법인세))을 내야 하는 것이 억울할 수도 있습니다. 하지만 세법에서도 돈 받을 권리가 이미 확정된 수익으로 보기 때문에 어쩔 수 없습니다.

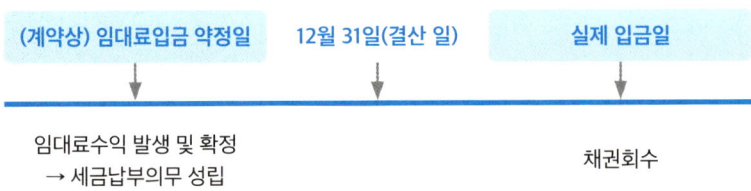

| 수익발생과 확정시점 |

| (계약상) 임대료입금 약정일 | 12월 31일(결산 일) | 실제 입금일 |

임대료수익 발생 및 확정
→ 세금납부의무 성립

채권회수

▲ 용역(서비스)을 제공한 시점에서 수익을 인식하므로 항상 연도말 현재 미회수된 채권이 존재 하게 됩니다.

회계에서 손익계산을 발생기준으로 하는 이유는 성과계산을 보다 정확히 하기 위해서는 돈을 주고 받은 시점보다는 거래일(제 품판매일, 용역제공일 등)을 기준으로 해야하기 때문입니다. 제품 등이 고객에게 인도되거나 서비스를 제공하면 돈을 받을 권리가 생기 므로 수익은 이미 발생한 것으로 봐야 합니다.

수익의 대부분은 영업활동으로 인한 수익으로서 흔히 '매출액' 이라고 표현합니다. 매출은 사업자가 제공한 재화나 서비스용역 의 대금입니다. 단, 제공시점에서 수익이 발생한 것이므로 비록 그 대가를 받지 않았더라도 판매 또는 용역제공시점에서 매출을 잡습니다. 요즘은 대부분 카드로 결제하므로 그 대금은 다음 달에 들어오지만 이미 재화나 서비스가 제공됐고 카드결제에 따라 들 어올 돈이 확정된 것이므로 판매(제공)시점에서 매출을 잡는 것은 너무도 당연합니다.

회계상식

| 매출수익의 발생시점 |

상품·제품 판매일	12월 31일(결산 일)	대금회수일
↓	↓	↓
매출 및 매출채권 발생		채권회수

▲ 상품·제품을 판매(인도)한 시점에서 세금계산서를 발행하고 매출을 인식하므로 항상 연도말 현재 미회수된 매출채권이 존재하게 됩니다.

특히 제조업·도매업 등 기업간의 B2B거래는 대부분 신용거래이므로 납품 후 수개월이 지나야 판매대금이 입금되지만 제품 등이 공급된 시점에 세금계산서를 발행하고 매출을 잡게 됩니다. 이런 경우 매출(수익)과 함께 같은 금액의 매출채권(자산)이 동시에 잡히는데, 이렇게 동일한 금액을 양쪽(차변과 대변이라고 함)으로 나누어 회계하는 것은 **복식부기**라고 합니다.

커피전문점에서 커피를 팔고 카드결제기에 50만 원이 찍혔다면 돈은 전혀 입금되지 않았지만 오늘 매출은 50만 원입니다. 그리고 50만 원의 받을 돈(카드미수금)이 생긴 것입니다.

하지만 매출수익은 그냥 얻어지는 것이 아닙니다. 수익을 벌기 위해서는 비용지출이 불가피한데, 이렇게 수익을 얻기 위해 발생된 것이 비용입니다. 사업체의 비용은 원재료비, 인건비, 임차료, 전기·수도요금, 광고비, 배달앱 및 카드수수료 등 다양합니다. 이들 또한 발생주의로 계산하므로 지출여부에 상관없이 매입하거나 카드결제한 날에 비용으로 잡아야 합니다.

| 비용의 발생시점 |

카드사용·용역제공받은 시점	12월 31일(결산 일)	대금지급(결제)일
비용 및 부채(미지급금)발생		미지급금 소멸

▲ 재화나 용역(서비스)을 사용·소비한 시점에서 비용을 인식하므로 항상 연도말 현재 미지급된 채무가 존재하게 됩니다.

지금부터 커피전문점의 이번 달 손익계산을 해 보겠습니다.

항목	금액
(수익)	
매출액	1,500만 원
(비용(차감))	
매입비용(원재료 등)	500만 원
인건비	300만 원
임차료	200만 원
수수료(카드·배달앱)	60만 원
공과금 등(전기·수도요금)	50만 원
기타비용(소모품비, 광고비 등)	50만 원
대출금 이자비용	80만 원
순이익	**260만 원**

● 수익(1,500만 원) - 비용(1,240만 원) = 순이익(260만 원)

▲ 한달동안 260만 원의 돈을 번 것은 아니며, 발생기준으로 그만큼 이익이 생긴 것을 의미하므로 현금흐름(실제로 번 돈)과는 다를 수 있습니다. 만약 모든 거래가 카드결제로 이루어졌고 인건비와 임차료만 통장에서 이체로 송금했다면 이번 달은 현금수입이 없고 지출만 500만 원이 발생해서 통장잔고가 줄어들었을 수도 있습니다.

04
복식부기의 원리
– 돈의 흐름을 따라 분개하는 것

부기란 장부기장의 줄임말로서 단식부기와 복식부기로 나눠집니다. 요즘 모바일 앱으로 작성이 가능한 가계부나 여행가계부는 단식부기에 해당합니다. 단식부기는 매일 또는 매월의 수입과 지출을 항목별로 적는 방법의 회계를 말합니다.

예를 들어, 이번 달 수입(또는 여행예산)이 1,000만 원이고 여기서 지출한 금액을 내역별로 적다보면 남은 돈이 계산됩니다. 그러나 이 방식은 고의로 수입을 누락하거나 가짜경비를 넣어서 자금을 유용하는 것이 쉽기 때문에 매우 위험합니다. 그래서 대부분 사업체나 정부의 회계는 복식부기를 사용합니다.

복식부기(회계)는 회계항목(계정과목)을 차변과 대변으로 나누어서 동일한 금액을 이중으로 기록하는 방법입니다. 모든 거래는 결과적으로 재무상태, 즉 자산과 부채의 변동을 가져오는데, 거래의 원인과 결과를 차변과 대변으로 나누어 기록하는 방법을 **분개**라고 합니다. 모든 거래는 분개를 통해 전산프로그램에 입력하는데, 분개를 할 때는 일정한 법칙이 있습니다.

분개할 때 왼쪽Left을 차변, 오른쪽Right을 대변이라고 부릅니다. 차변과 대변은 이중기록방식인 복식부기를 하기 위해 좌우로 나눈 것일 뿐 특별한 의미는 없습니다. 재무제표를 구성하는 회계항목은 모두 5가지(자산·부채·자본·수익·비용)인데, 모두 자기 자리가 미리 정해져 있습니다.

다음 쪽의 그림을 보면 재무제표에서 자산과 비용은 항상 왼쪽(차변)에 표시되며 부채·자본과 수익은 오른쪽(대변)에 표시된다는 점을 알 수 있습니다. 즉, 자산이 증가하거나 비용이 발생하면 무조건 차변에, 부채·자본이 증가하거나 수익이 발생하면 무조건 대변에 넣기로 약속한 겁니다.

수익·비용은 발생하는 것이므로 발생시에 수익은 대변에, 비용은 차변에 들어갑니다. 마찬가지로 자산이 증가하면 차변에, 부채와 자본이 증가하면 대변에 넣습니다. 그런데 자산·부채·자본은 줄어드는 경우도 있습니다. 매출채권을 회수하거나 차량을 매각하는 경우에는 해당 자산이 감소하고 은행차입금을 상환하면 부채가 감소

| 회계과목별로 자기 자리(차변과 대변)가 이미 정해져 있다 |

차변	대변
자산(150)	부채(100)
	자본(30) ← 초기 자본금(투자금)
순이익 →	← 순이익(20)
비용(100)	수익(120)
250	**250**

▲ 자산·비용을 차변에, 부채·자본·수익을 대변에 같은 금액으로 분개하면 위와 같이 항상 '자산 + 비용 = 부채 + 자본 + 수익'이 됩니다. 수익(120)에서 비용(100)을 차감한 금액인 20이 순이익인데, 이는 자산(150)에서 부채와자본(130)을 뺀 것과 같습니다. 즉 순이익 20만큼 순자산이 증가한 것을 의미합니다.

하게 됩니다. 이때에는 자기 자리의 반대편으로 들어가야 합니다.

즉, 자산감소는 대변에, 부채와 자본감소는 차변에 들어갑니다. 이렇게 거래를 차변과 대변으로 나누어 전산에 입력할 때는 자산·부채·자본·수익·비용 대신 거래의 원인과 결과를 보다 구체적으로 나타내는 이름표를 붙이게 되는데, 이를 **계정과목**이라고 합니다. 분개의 원리와 계정과목을 알면 회계를 거의 다 안다고 할 정도로 분개의 원리와 계정과목은 회계의 기본으로서 매우 중요합니다.

모든 거래는 차변의 요소와 대변의 요소가 서로 만나 이루어지는 것입니다. 지금부터는 이해를 쉽게 하기 위해 자산을 단순히 돈 (예금)이라고 생각하기 바랍니다. 자산이 증가하는 가장 큰 원인은 수익이 발생했기 때문이며, 그 외에 부채나 자본이 증가한 경우에도 자산이 증가합니다.

예를 들어 100만 원을 매출하면 수익이 발생하고 그 결과로 돈이 들어오게 됩니다. 이때 수익(매출 100만 원)은 대변에, 늘어난 자산 (현금 100만 원)은 차변에 넣는 것입니다. 은행에서 돈을 빌리면 자산은 증가하는데 이때에도 늘어난 자산(현금)은 차변에, 늘어난 부채 (차입금)는 대변에 들어갑니다. 결국 거래는 차변의 한 요소와 대변의 한 요소가 동일한 금액으로 결합된 것입니다.

반대로 자산(돈(예금))이 감소하는 가장 큰 원인은 비용이 발생했기 때문이며, 그 외에 부채나 자본이 감소한 경우가 있을 수 있습니다.

예를 들어 임차료 200만 원을 지급했다면 비용이 발생했고 그로 인해 돈이 나가게 됩니다. 이때 비용(임차료 200만 원)은 차변에, 감소한 자산(현금 200만 원)은 대변에 넣는 것입니다. 그런데 요즘은 사업체에서도 비용지출시 카드사용이 일반적이다 보니 비용발생으로 당장은 자산이 감소하지 않고 부채(미지급금)가 증가하는 경우가 더 일반적입니다.

부채를 갚을 때도 자산은 감소하기 마련이며 이때에도 줄어든 부채는 차변에, 줄어든 자산은 대변에 넣습니다.

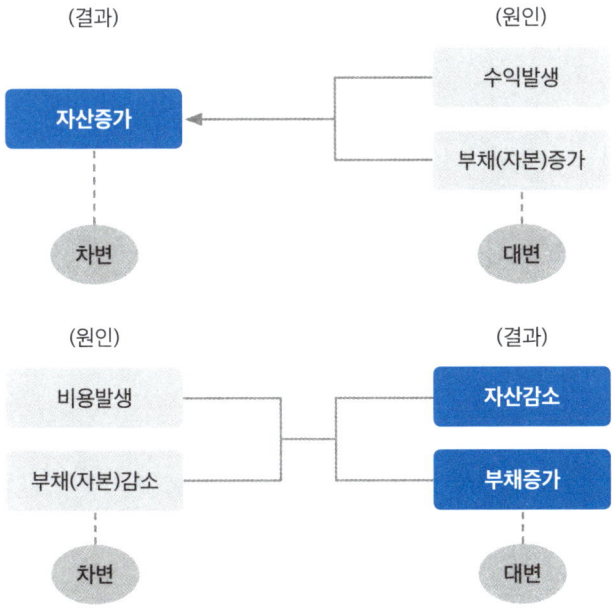

| 분개는 돈의 흐름에 따라 그 원인과 결과를 기록하는 것이다 |

(결과)　　　　　　　　　　　　　　　(원인)

　　　　　　　　　　　　　　　　　　수익발생

자산증가　◀　　　　　　　　　　　　부채(자본)증가

차변　　　　　　　　　　　　　　　대변

(원인)　　　　　　　　　　　　　　　(결과)

비용발생　　　　　　　　　　　　　자산감소

부채(자본)감소　　　　　　　　　　부채증가

차변　　　　　　　　　　　　　　　대변

▲ 분개는 돈의 흐름을 따라서 그 결과와 원인을 입력하는 것입니다. 자산이 증가한 결과는 수익이 발생하거나 부채가 증가한 이유 때문이며, 자산이 감소한 결과는 비용이 발생하거나 부채를 갚았기 때문인데 이를 규칙에 따라 정해진 자리(차변과 대변)에 넣는 것입니다.

이렇게 분개의 법칙에 따라 분개를 하면 모든 거래는 계정과목만 다를 뿐, 항상 차변과 대변에 동일한 금액이 들어가게 되는데, 이를 **거래의 이중성(두얼굴)**이라고 말합니다. 거래의 이중적인 두얼굴에서 한쪽은 거래의 원인을, 다른 한쪽은 거래의 결과를 알려주게 됩니다.

예를 들어, 카드매출금액 100만 원을 분개하면 (차) 카드미수금 100만 원 (대) 매출 100 만 원인데, 대변의 매출 100만 원이 원인이

돼서 차변의 자산(카드미수금)이 증가한 것을 보여주는 겁니다. 결국 사업체에서 어떤 거래가 있었는지를 분개를 통해 입력하고 확인하는 것입니다.

지금부터 다양한 사례별로 사업체에서 일어난 거래를 분개하고 의미를 해석해보겠습니다. 만약 처음이라 분개가 어렵다면 거래의 결과 자산에 어떤 변화가 생겼는지를 먼저 생각해서 넣고, 그 원인에 해당하는 계정과목(수익·비용·부채 등)을 반대쪽에 넣으면 쉽습니다.

| 분개는 거래에 따른 자산·부채의 변동 결과와 그 원인을 기록하는 것이다 |

(결과)   (원인)

(차변) 자산증가 ← (대변) 자산이 왜 늘었지? → 수익발생 또는 부채증가

(원인)   (결과)

(차변) 자산이 왜 줄었지? → 비용발생 또는 부채감소 → **(대변) 자산감소**

제품 500만 원을 매출하고 그 대금을 보통예금계좌로 이체받았다.

● 결과적으로 증가한 예금자산을 차변에 먼저 넣고, 그 원인인 매출수익 500만 원을 대변에 넣습니다.

차변		대변	
계정과목	금 액	계정과목	금 액
보통예금 (자산증가)	5,000,000	매출액 (수익발생)	5,000,000

직원에게 급여 200만 원을 예금계좌로 이체지급했다.

● 결과적으로 감소한 예금자산을 대변에 먼저 넣고, 그 원인인 비용(급여) 발생액 200만 원을 차변에 넣습니다.

차변		대변	
계정과목	금 액	계정과목	금 액
급여 (비용발생)	2,000,000	보통예금 (자산감소)	2,000,000

　　사업체의 거래 중 대부분은 수익·비용이 발생하는 거래이므로 지금 살펴본 두 가지 사례처럼 대변의 수익발생에 따라 차변의 자산이 증가하거나 차변의 비용발생에 따라 대변의 자산이 감소하는 거래가 가장 흔한 거래입니다.

사례 ③

원재료 100만 원을 매입하고 그 대금을 보통예금계좌에서 이체하다.

● 결과적으로 감소한 예금자산을 대변에 넣고, 그 원인인 원재료매입액 100만 원을 차변에 넣습니다.

차변		대변	
계정과목	금 액	계정과목	금 액
원재료 (자산증가)	1,000,000	보통예금 (자산감소)	1,000,000

사례 ④

원재료 100만 원을 매입하고 그 대금을 카드로 결제하다.

● 결과적으로 증가한 부채(미지급금)를 대변에 먼저 넣고, 그 원인인 원재료매입액 100만 원을 차변에 넣습니다.

차변		대변	
계정과목	금 액	계정과목	금 액
원재료 (자산증가)	1,000,000	미지급금 (부채증가)	1,000,000

사례 ⑤

카드대금 40만 원이 보통예금계좌에서 이체상환됐다.

● 결과적으로 감소한 예금자산을 대변에 넣고, 그 원인인 부채(미지급금)감소액 40만 원을 차변에 넣습니다.

차변		대변	
계정과목	금 액	계정과목	금 액
미지급금 (부채감소)	400,000	보통예금 (자산감소)	400,000

● 5건의 거래를 모아보면 다음과 같은 변화가 있었음을 알 수 있습니다.

비용·자산	수익·부채·자본
급여 200만 원	매출액 500만 원
순이익 300만 원	
보통예금 160만 원 원재료 200만 원	미지급금 60만 원
	순이익 300만 원
합계 **560**만 원	합계 **560**만 원

◀── 수익(500만 원) - 비용(200만 원)
= 300만 원(이익)

◀── 자산(360만 원) - 부채(60만 원)
= 300만 원(자본)

● 수익·비용금액은 일정한 회계기간(일반적으로 1년)동안 발생된 누적금액을 의미하며 자산·부채·자본은 증감결과 나타난 현재의 잔액을 의미합니다.

● 보통예금잔액(160만 원) = 500만 원 - 200만 원 - 100만 원 - 40만 원

● 차변과 대변합계는 각각 560만 원으로 일치하며, 순이익금액인 300만 원만큼 순자산이 증가한 것을 알 수 있습니다.

● 순이익은 장부에 드러나지 않는 숨겨진 숫자입니다. 즉 수익(500만 원)에서 비용(200만 원)을 차감한 것이며, 자산증가액(360만 원)에서 부채증가액(60만 원)을 차감한 것과 같습니다.

CHAPTER 2. 분개를 해보면 회계의 기초원리를 알게 된다

이처럼 복식부기는 결코 '복잡한 부기'가 아닙니다. 차변과 대변에 들어갈 항목은 그 자리가 규칙으로 이미 정해져 있으며 거래결과 자산·부채의 변동결과를 생각해서 자산이 증가했으면 차변에, 반대로 자산이 감소했으면 대변에 증가하고 감소한 자산을 먼저 넣습니다. 그리고 그 결과를 초래한 이유를 생각해서 반대쪽에 넣으면 됩니다.

앞서 살펴본대로 자산증가는 수익이 발생했거나 부채증가에 따라 생기는 것이며, 자산감소는 비용이 발생했거나 부채감소에 따라 생기는 것입니다.

즉, 하나의 거래는 반드시 원인·결과 대응에 따라 반드시 차변과 대변 양쪽에 영향을 미친다는 원리를 이해하면 간단합니다.

회계가 전산화돼서 프로그램에 의존해서 회계를 한다고 하더라도 회계 프로그램이 분개를 자동으로 해주는 것은 아니며 차변과 대변으로 나누어 계정과목별로 금액을 입력하는 것은 사람이 직접 해야 합니다. 따라서 차변과 대변거래를 신속하게 구분할 수 있는 것이 무엇보다 중요합니다.

 **분개의 달인이 되기 위한 청기·백기 게임**

여러분들은 아마 오래전에 TV예능에서 유행했던 청기들기·백기들기 게임을 기억할 것입니다. 이제부터 이 게임을 분개의 법칙에 접목시켜보겠습니다. 각자 왼손에는 청기를, 오른 손에는 백기를 들고 있다고 상상하기 바랍니다. **청기에는 자산과 비용이라는 글자가, 백기에는 부채·자본과 수익이라는 글자가 새겨져 있습니다.** 게임요령은 다음과 같습니다.

 자산증가와 비용발생처럼 왼쪽이 증가하는 거래는 왼손을 들고 "청기올려!"를, 부채증가와 수익발생처럼 오른쪽이 증가하는 거래는 오른손을 들고 "백기올려!"를 속으로 외치면 됩니다.

반대로 자산감소처럼 왼쪽이 감소하면 왼손을 내리고 "청기내려!"를, 부채감소처럼 오른쪽이 감소하면 오른손을 내리고 "백기내려!"를 속으로 외치면 됩니다.

먼저 연습게임을 해볼까요?. 매출을 해서 돈을 받았다면?
- 자산이 늘었으니 (왼손을 올리면서) 청기올려!
- 수익이 발생했으니 (오른손을 올리면서) 백기올려!

다음의 거래를 앞서 한 방식으로 청기·백기들기 게임으로 연습해보면 단언컨대 여러분은 아마도 분개의 달인이 될 것입니다.

● **은행에서 현금을 차입하다**

　청기올려(자산증가).........백기올려(부채증가)

● **제품을 외상으로 매출하다**

　청기올려(자산증가)........ 백기올려(수익발생)

● **급여를 통장에서 이체지급하다**

　청기올려(비용발생)....... 청기내려(자산감소)

● **외상매출금을 현금으로 회수하다**

　청기올려(자산증가)...... 청기내려(자산감소)

● **외상매입금을 현금으로 결제하다**

　백기내려(부채감소) ..... 청기내려(자산감소)

● **차입금을 현금으로 상환하다**

　백기내려(부채감소) ..... 청기내려(자산감소)

● **상품을 외상으로 매입하다**

　청기올려(자산증가) ...... 백기올려(부채증가)

● **상품을 현금으로 매입하다**

　청기올려(자산증가) ..... 청기내려(자산감소)

● **현금을 보통예금통장에 입금하다**

　청기올려(자산증가)...... 청기내려(자산감소)

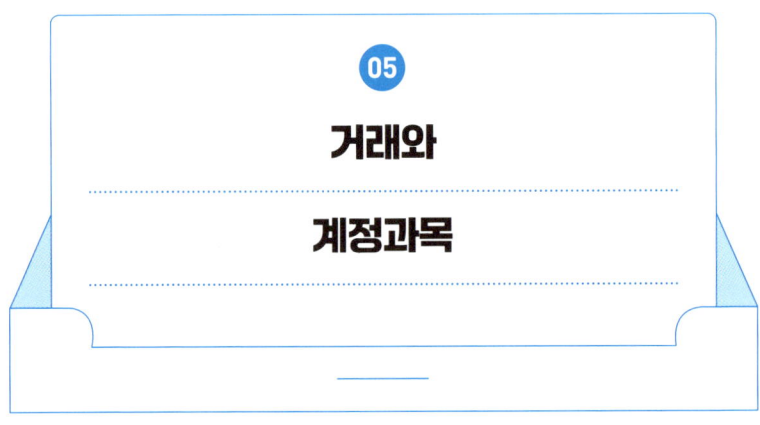

05

거래와

계정과목

👨‍💼🧮

거래로 시작해서 회계로 끝나는
수제버거점 사장님의 하루

어제 개업한 수제버거점 김민수 사장의 하루는 거래의 연속입니다. 지금부터 사업장에서 일어난 일들을 회계(분개)로 정리해보겠습니다. 자본금 1억 원은 통장에 있습니다.

1. 아침에 우유와 음료수 등 50,000원어치가 배달왔습니다. 대금은 월말에 정산합니다.

회계상식

차변		대변	
계정과목	금 액	계정과목	금 액
상품 (자산증가)	50,000	외상매입금 (부채증가)	50,000

● 매입한 그대로 되파는 것은 "상품"으로, 가공해서 판매하는 경우 가공하기 위해 매입한 것은 "원재료"라는 계정과목을 사용합니다.

2. 아침에 매장 고객 5명에게 버거와 음료 100,000원을 판매하고 카드로 결제받았습니다.

차변		대변	
계정과목	금 액	계정과목	금 액
미수금 (자산증가)	100,000	매출액 (수익발생)	100,000

● 매출수익을 얻기 위해서는 그에 상응하는 "매출원가"라는 비용이 발생하는데 판매시에는 매출원가를 알 수 없으므로 회계처리하지 않고 연말에 결산할 때 원가를 집계해서 한꺼번에 반영합니다.

3. 거래처로부터 밀가루와 식용유·소고기 등 주문한 식자재 300,000원이 택배로 도착했습니다. 대금은 다음 달에 결제할 예정입니다.

차변		대변	
계정과목	금 액	계정과목	금 액
원재료 (자산증가)	300,000	외상매입금 (부채증가)	300,000

4. 점심에 버거와 음료수 등 200,000원을 판매하고 카드로 결제받았습니다.

차변		대변	
계정과목	금 액	계정과목	금 액
미수금 (자산증가)	200,000	매출액 (수익발생)	200,000

5. 오후에 매장에서 일하는 직원에게 알바비 80,000원을 통장에서 이체로 지급했습니다.

차변		대변	
계정과목	금 액	계정과목	금 액
일용급여 (비용발생)	80,000	보통예금 (자산감소)	80,000

6. 오후에 정수기 렌탈료 50,000원이 통장에서 자동이체되었습니다.

차변		대변	
계정과목	금 액	계정과목	금 액
임차료 (비용발생)	50,000	보통예금 (자산감소)	50,000

7. 오늘 하루 사용한 식자재(우유와 음료수 포함)는 100,000원입니다.

차변		대변	
계정과목	금 액	계정과목	금 액
원재료비 또는 매출원가 (비용발생)	100,000	원재료 (자산감소)	100,000

이렇게 모든 사업장에서는 매일 매일 발생하는 거래로 인해 수익과 비용이 발생하고 그에 따라 자산과 부채도 변화하게 됩니다. 김사장은 과연 오늘 얼마를 번 것일까요? 현금거래가 아닌 것이 많기 때문에 현금잔고와 통장내역으로는 도저히 알 수 없습니다. 그렇지만 하루동안의 거래를 회계해보면 오늘 발생한 손익과 자산·부채의 변동내역을 알 수 있습니다.

| 손익계산서 |

비용		수익	
원재료비	100,000	매출액	300,000
일용급여	80,000		
임차료	50,000		
순이익	70,000		
합계	300,000	합계	300,000

| 재무상태표 |

자산		부채와 자본	
보통예금	99,870,000	외상매입금	350,000
미수금	300,000	자본금	100,070,000
원재료·상품	250,000		
합계	**100,420,000**	**합계**	**100,420,000**

초기자본금 1억 원
+ 70,000원(순이익)

● 통장잔고는 비록 13만 원이 줄었지만, 오늘 하루 7만 원의 순이익이 발생한 것이며 이로 인해 자본(순자산)이 7만 원 늘어났습니다.

● 회계상 이익(7만 원)과 현금흐름(-13만 원)이 차이(20만 원)나는 이유는 아직 받지 못한 돈 (30만 원)과 재고자산(원재료·상품)에 묶여있는 돈(25만 원), 그리고 지급하지 않은 매입대 금(35만 원) 때문입니다.

　이렇게 회계를 하고 그 결과를 보면 오늘 하루의 사업성과와 재무상태의 변화를 한눈에 쉽게 파악할 수 있습니다.

회계상식

회계의 흐름 – 거래자료 입력에서

재무제표 작성까지

회계는 단순한 숫자의 나열이 아니라 사업체가 사업주(경영자) 및 외부투자자(매입거래처·채권은행·주주)와 소통하는 언어입니다.

"나는 지금 재무적으로 이런 상태야."
"이만큼 벌었고, 이렇게 써서 남은게 이거야"

이런 말들을 회계라는 방법으로, 재무제표라는 소통수단으로 전하는 것입니다. 이 경우 사용되는 주요 어휘가 자산·부채·자본·수익·비용에 해당하는 계정과목입니다.

회계는 단순히 숫자를 기록하는 작업이 아닙니다. 사업체에서 일어난 거래자료(증빙)의 데이터를 회계언어로 입력하면 재무제표가 만들어지는데 이를 통해 사업체의 운영이 지금 어떻게 돌아가고 있는지, 돈은 벌고 있는지, 망할 가능성은 없는지, 앞으로 성장할 가능성은 있는지 등 다양한 재무적인 정보를 파악할 수 있습니다.

또한 얼마나 벌었고, 무슨 세금을 얼마나 내야 할지도 회계를 통해 따져볼 수 있습니다. **결국 회계는 재무와 연관되고 세무와도 연관되는 것이므로 회계를 하지 않거나 모른다면 재무적인 관리와 세무적인 관리가 모두 불가능합니다.** 그런데 국세청 통계를 보면 우리나라 사업체의 70% 이상이 연간 매출이 10억 원 미만입니다. 이렇게 규모가 작은 중소사업체의 회계는 생각보다 의외로 단순합니다, 게다가 늘 동일한 거래가 반복되는 것이므로 대표적인 거래유형에 대한 회계방법만 알고 있으면 쉽게 처리할 수 있습니다.

특히 중소사업체의 경우에는 대기업과 달리 사용하지 않는 계정과목도 많기 때문에 반복적으로 발생하는 거래유형과 계정과목만 알면 됩니다.

회계를 통해 재무제표가 만들어지는 과정은 다음과 같습니다. 그런데 이런 과정은 모든 사업체가 동일합니다. 사업규모만 다를 뿐 소기업과 중기업, 대기업의 기본적인 사업흐름은 거의 같으며 거래빈도와 금액만 다를 뿐입니다.

대부분의 중소사업체나 위탁기장하는 회계사무실에서는 시판하는 범용회계 프로그램을 사용해서 회계처리하지만, 대기업은 자사의 특수성에 맞는 회계·인사·자재관리를 포함한 ERP시스템 등 자체적으로 개발한 프로그램을 사용하는 것이 일반적입니다.

회계자료가 입력돼서 재무제표가 만들어지기까지의 과정은 다음과 같으며 (1)번의 증빙자료입력과 (4)번의 결산수정작업을 제외하고는 대부분 회계 프로그램이 알아서 자동으로 진행해줍니다.

(1) 분개로 거래자료를 입력

거래가 발생하면 거래의 결과물인 증빙(세금계산서 및 카드전표 등)을 확인하고 분개를 합니다. **거래**란 사업체에서 발생한 재무적인 사건으로 사업체의 자산·부채·자본에 영향을 미치는 것으로서 회계처리, 즉 분개의 대상이 되는 것을 말합니다.

매출거래, 매입거래, 인건비지급거래, 은행거래 등 다양한 거래가 있는데 분개를 통해 거래사실이 최초로 전산프로그램에 입력됩니다.

하지만 분개이후부터는 사람이 하지 않습니다. 프로그램이 자동으로 알아서 다 해주므로 전산화면에서 결과물만 조회하면 됩니다. 따라서 회계과정에서 가장 중요한 작업이 자료입력, 즉 분개이며 올바른 계정과목을 사용해서 정확하게 금액을 입력하는 것이 가장 중요합니다.

(2) 계정별원장의 작성

분개를 통해 거래금액이 차변과 대변 계정과목별로 입력되면 그 금액이 해당 계정별 원장으로 자동으로 넘어갑니다. **계정별원장**

이란 발생된 거래를 특정 계정별로 모은 것을 말합니다. 예를 들어 100만 원의 매출거래가 발생했고 다음과 같이 분개한 경우로 가정 하겠습니다.

(차) 보통예금 100만 원	(대) 매출 100만 원

이 경우 100만 원의 거래금액은 계정별원장의 보통예금계정 차변과 매출계정의 대변으로 보내집니다. 이렇게 거래가 발생할 때마다 해당 계정별로 금액이 모이면 언제라도 계정별 원장을 통해 보통예금 잔고가 얼마인지, 지금까지의 (누적)매출액이 얼마인지 알 수 있게 됩니다.

(3) 합계잔액시산표의 작성

각 계정별원장으로 보내진 금액은 동시에 합계잔액시산표로 모입니다. **합계잔액시산표**는 계정별원장의 집합체입니다. 즉, 사업체에서 사용하는 모든 계정별원장이 하나의 표로 만들어진 것인데, 여기에는 계정과목별로 지금까지 거래된 차변금액과 대변금액 그리고 그 차액(잔액)이 같이 나타납니다.

시산표에는 사업체가 사용하는 모든 계정과목이 나타나므로 언제라도 현재까지의 매출이 얼마인지, 과목별로 비용이 지금까지 얼마나 지출됐는지, 현재 매출채권 등 자산과 차입금 등 부채의 잔액이 얼마인지를 실시간으로 조회할 수 있습니다.

재무제표는 1년에 한번 만들어지지만, 시산표는 회계자료가 입

회계상식

력되는 실시간으로 전산화면에서 조회할 수 있기 때문에 사업체의 운영상황이 궁금하면 언제라도 시산표에서 숫자로 확인할 수 있습니다.

(4) 결산수정사항

연도말이 되면 결산을 하고 재무제표를 작성해야 합니다. 거래자료를 입력해서 시산표가 만들어진 것이므로 시산표에 나타난 자산·부채·자본계정을 모으면 재무상태표가, 수익·비용계정을 모으면 손익계산서가 만들어집니다.

그러나 지금까지는 거래자료에 의해 대부분 현금이 들어오고 나간 것만 회계처리했지만 발생주의로 손익을 계산하기 위해서는 몇 가지 수정을 해야 하는데 이를 **결산수정사항**이라고 합니다.

시산표에 나오는 상품 등 재고자산금액은 1년동안 매입한 것입니다. 그중에 상당부분은 연도 중에 판매되었을 것이므로 이를 빼서 매출원가(비용)로 보내야 합니다. 원재료도 사용된 금액을 비용(원재료비 또는 매출원가)으로 보내야 합니다.

그 외에도 감가상각비, 대손상각비, 퇴직급여, 법인세비용 등 비록 현금이 지출되지 않았지만 비용으로 추가해야 할 것들이 있습니다. 이런 결산수정사항을 확인해서 추가로 입력하면 비로소 재무제표가 완성됩니다. 회계작업에서 최초 거래를 입력하는 것 못지 않게 결산수정사항을 회계기준에 맞게 제대로 입력하는 것도 매우 중요한 과제입니다.

(5) 재무제표 조회와 검토

결산수정사항을 분개해서 넣고나면 재무제표가 자동으로 만들어집니다. 재무제표는 사업체가 작성하는 공식적인 회계보고서로 세금신고를 하거나 대출을 받을 때 사용됩니다. 재무제표는 기본적으로 다음 3가지로 구성됩니다.

재무상태표

결산일(12월 31일) 현재 시점의 '재산현황표'로서 사업체의 '자산총액과 부채총액 그리고 자본(순자산)총액이 얼마인지'를 항목별로 보여줍니다.

손익계산서

한 해(1월 1일~12월 31일)동안 발생한 '수익과 비용의 내역서'로서 한 해 동안 얼마나 벌고, 얼마나 썼는지를 항목별로 보여줍니다.

현금흐름표

한 해 동안 들어오고 나간 '돈의 흐름'을 보여주는데 이익이 많이 나도 돈이 부족한 이유가 무엇인지를 보여줍니다.

● 이 외에도 자본변동표나 주석 등이 있지만 외부감사를 받지 않는 대부분의 중소사업체가 작성하는 기본 재무제표는 재무상태표와 손익계산서입니다.

이제부터는 완성된 재무제표를 확인하기만 하면 됩니다. **손익계산서**를 통해 한 해 동안의 매출금액과 이익금액 등 사업성과를 확인하고, **재무상태표**를 통해 자산·부채·자본의 현황을 파악하면 됩니다.

법인사업체인 경우 이익성과가 좋아 당기말 미처분 이익잉여금과 현금성자산이 충분하다면 내년 초에 주주에 대한 배당금을 지급할지 검토하고 이를 반영한 **이익잉여금처분계산서(안)**를 추가로 작성합니다. 법인세를 신고할 때는 재무상태표와 손익계산서 이외에 이익잉여금처분계산서도 같이 제출해야 합니다.

| 이익잉여금처분계산서 |

항목	금액	
1. 당기말 미처분이익잉여금		50,000,000
(1) 전기이월이익잉여금	32,000,000	
(2) 당기순이익	18,000,000	
2. 이익잉여금처분액		
(1) 현금배당금	10,000,000	11,000,000
(2) 이익준비금적립액	1,000,000	
(3) 임의적립금적립액		
3.차기이월이익잉여금(1-2)		39,000,000

● 이익준비금은 상법규정에 따라 현금배당액의 10%를 따로 적립하는 것이며 적립한 금액은 이후에 배당이 불가능합니다.

● 개인사업체는 사업체의 순이익이 사업주 본인의 것이므로 이익잉여금이라는 계정을 사용하지 않습니다. 따라서 종합소득세를 신고할 때 재무상태표와 손익계산서 및 합계잔액시산표를 제출하면 됩니다.

개인주주에게 현금배당금을 지급할 때는 지급액의 14%(10%의 지방소득세를 포함하면 15.4%)에 해당하는 배당소득세를 원천징수하고 지급명세서를 제출해야 합니다. 따라서 앞의 경우 배당지급일의 분개는 다음과 같습니다.

차변		대변	
계정과목	금 액	계정과목	금 액
미처분이익잉여금 (자본감소)	11,000,000	보통예금(자산감소) 예수금(부채증가) 이익준비금(자본증가)	8,460,000 1,540,000 1,000,000

▲ 배당지급을 결정한 날에는 대변의 1,000만 원을 일단 미지급배당금(부채)으로 분개하고, 이후 배당금을 지급할 때 (차)미지급배당금 1,000만 원 (대) 보통예금 846만 원 및 예수금 154만 원으로 처리하는 것이 원칙입니다.
그러나 배당금 결정일 후 불과 1~2개월 이내에 지급될 것이므로 결정일에는 분개를 생략하고 지급일에 위와같이 한 번에 분개하는 것이 실무상으로 간편합니다.

재무회계와 세무회계, 뭐가 다른가요?

일반적으로 흔히 말하는 회계는 재무회계입니다. **재무회계**는 매년 재무제표를 통해 사업체의 성과와 재무상태를 외부투자자(은행과 주주 등)에게 보여주기 위한 회계입니다. 투자자에게는 자신이 투자했거나 투자할 사업체의 성과와 재무상태가 투자여부를 결정하는데 매우 중요한 판단기준이 됩니다.

재무회계의 1차적인 목적은 손익을 계산하는 것인데 재무회계는 손익을 **발생기준**으로 계산합니다. 발생기준은 모든 수익과 비용을 현금의 수입·지출과는 상관없이 발생된 시점에서 회계처리 (구체적으로는 전산입력(분개))하는 것을 의미합니다. 요즘은 현금을 직접 주고 받는 현금거래가 거의 없습니다. 매출세금계산서를 발행하거나 고객으로부터 받은 신용카드를 단말기에 긁는 순간 현금수입은 아직 없더라도 돈을 받을 권리가 확정된 셈이므로 수익이 발생한 것입니다.

비용 또한 매입세금계산서를 받거나 카드를 사용한 시점에 비록 현금은 지출되지 않았지만 돈을 지급할 의무가 확정된 것이므로 비용은 이미 발생한 것입니다.

더 나아가 발생주의 회계에서는 지금은 확정되지 않았더라도 갖고 있는 자산의 가치가 손상되어 미래에 들어올 돈이 줄어들거나, 미래 어떤 상황에 따라 돈이 나갈 가능성이 높을 경우 이렇게 예상되는 손실도 모두 비용에 반영해야 합니다. 투자자를 보호하기 위해서는 이익계산과 자본평가를 좀 더 보수적으로 낮춰서 해야 하기 때문입니다. 따라서 재무회계는 당기에 확정된 손익외에도 미래에 발생할지도 모르는 순자산의 감소를 미리 반영해서 재무상태를 최대한 보수적으로(가급적이면 순자산을 적게) 보여주는 것이 원칙입니다.

또 하나의 회계는 세무회계입니다. **세무회계**는 오직 세금계산을 위한 회계입니다. 여기서 말하는 세금은 소득세(개인사업자) 또는 법인세(법인사업자)를 의미합니다.

사업을 해서 소득이 생기면 이에 대해 세금을 내야 하는데, 1년 동안 얼마의 소득을 벌었는지 따져보려면 회계를 해야 합니다. 문제는 재무회계에서 계산한 손익계산서의 세전순이익과 세금을 매기는 기준인 소득이 다르다는 점입니다. 세금은 세법에 정해진 기준대로 계산해야 하는데, 세법에서는 소득을 발생기준이 아니라 **권리의무확정주의**로 계산합니다.

소득을 확정기준으로 계산할 때는 수익은 받을 권리가, 비용은 지급할 의무가 확정된 것만으로 계산해야 합니다. 세금은 돈으로 내는 것이므로 확정적으로 번 소득에 대해서만 세금을 매겨야 하기 때문입니다. 앞서 살펴본 것처럼 세금계산서나 카드전표 등 증빙을 서로 주고받은 것은 상대방과의 거래가 이미 성립된 것이므로 모두 확정된 것입니다.

하지만 자산평가손실이나 충당금비용처럼 자산가치손상을 미리 비용으로 반영하거나, 아직 확정되지도 않은 충당부채 등을 미리 비용으로 반영한 것은 세법에서 인정하지 않습니다.

결국 세무회계는 자산·부채의 공정한 평가보다는 당기에 확정된 손익을 기준으로 세금을 내야할 소득금액을 계산하는데 중점을 두는 것입니다. 아울러 세수확보와 불건전한 기업활동을 규제하기 위해서 확정된 비용이라도 그 성격(예를 들면 사업과 관련없는 비용지출 및 과도한 기업업무추진비 사용액 등)에 따라 인정하지 않는 경우가 있습니다.

이렇게 두 회계의 손익계산방법이 다르기 때문에 소득세나 법인세 계산을 위해서는 재무회계 결과 나온 손익계산서의 세전순이익을 세법기준에 맞춰 수정해야 하는데 이를 **세무조정**이라고 합니다. 세무조정에 따라 세전순이익에다 세법기준에 맞지 않은 손익항목을 가감하면 소득금액과 과세표준이 나오고 이에 세율을 적용해서 세금을 계산하게 됩니다.

하지만 중소사업체나 위탁기장을 하는 회계사무소에서는 이런 번거로움을 피하기 위해 아예 세법기준에 맞춰 세무회계를 하는 경우가 대부분입니다. 처음부터 세법기준에 맞춰 회계를 하면 굳이 세무조정을 하지 않아도 되므로 세금신고를 보다 쉽고 간편하게 할 수 있기 때문입니다.

| 재무회계와 세무회계의 차이점 |

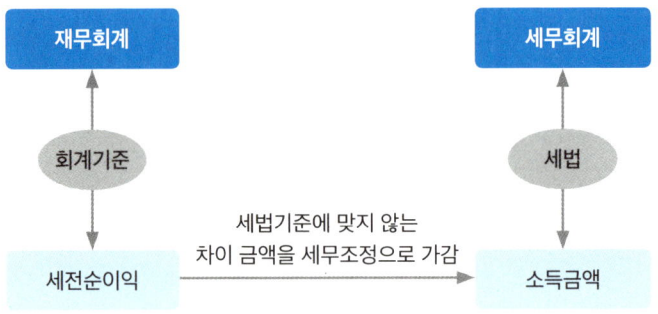

회계상식

회계기준은
누가 지켜야 하는 걸까?

회계의 마지막 결과물은 재무제표입니다. 재무제표는 사업체의 성과와 재무상태를 보여주는 보고서로 투자자에게는 일종의 기업설명서이자 투자지침서와 같습니다.

주주는 재무제표에 표시된 숫자를 보고 투자여부를 결정하게 됩니다. 은행은 재무제표로 향후 원리금의 상환능력을 평가하고 이를 바탕으로 대출의사결정과 금리를 결정합니다. 거래처와 신용으로 거래하는 사업체도 상대방 거래처의 재무제표로 대금지급능력을 평가해야 합니다.

이 경우 만약 재무제표가 고의로 조작되는 등 공정하지 못하다면 그 피해는 모두 투자자에게 돌아갑니다. 이런 이유 때문에 일정 규모가 넘어서 투자자가 많거나 이해관계자가 많은 기업은 재무제표에 대해 외부전문가(공인회계사)로부터 감사를 받도록 법으로 의무화했는데, 이를 **외부감사제도**라고 합니다. 상장법인은 당연히 외부감사대상이며 비상장법인은 직전연도말 현재 다음 요건 중 2개 이상에 해당하는 법인을 말합니다.

❶ 자산총액이 120억 원 이상
❷ 부채총액이 70억 원 이상
❸ 매출액이 100억 원 이상
❹ 임직원이 100명 이상

외부감사를 받는다는 것은 재무제표가 회계기준에서 정한대로 공정하게 작성됐는지를 회계 전문가로부터 검증받는 것이며 회계기준에 맞지 않게 작성된 경우에는 이를 감사보고서에서 밝힘으로써 재무제표가 공정하지 않아서 믿고 사용할 수 없음을 투자자에게 알려주는 것입니다. 따라서 외부감사대상법인에게는 재무제표의 숫자가 공정하다는 감사의견(적정의견)을 받는 것이 매우 중요하므로 모든 회계처리를 회계기준에 맞게 해야만 합니다.

그러나 위의 기준에 해당되는 외부감사 대상기업은 생각보다 적어서 전체 법인의 4~5%에 불과합니다. 국세청의 통계에 따르면 우리나라 법인 100만 여개 중 70%가 연매출 10억 원 미만이며, 50억 원 미만이 무려 90%에 달합니다. 연매출이 100억 원 이상인 법

회계상식

인은 전체 법인의 5%에 불과한데, 이들이 외부감사대상이라고 보면 됩니다.

따라서 그 이외의 대부분 사업체는 회계기준을 지켜야 할 의무가 없다보니 기본적인 수입·지출에 따른 회계를 하는 것일 뿐, 발생주의에 따른 정확한 손익과 재무상태를 표시하지 않는 것이 현실입니다. 더불어 재무회계기준보다는 세금계산을 목적으로 세법기준에 따라 회계를 하는 것이 일반적입니다.

PART

2

실전편

회계상식의 절반은
계정과목 이해에 있다

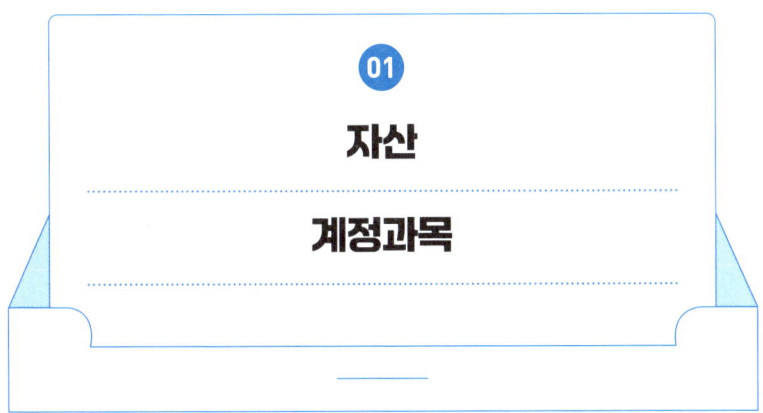

자산

계정과목

자산의 의미

개인이 갖고 있는 자산이 현금·예금·주식·부동산 등으로 구성
되듯이 기업이 갖고 있는 자산도 마찬가지입니다. 다만, 기업은 사
업활동에 필요한 자산이 추가되는 것뿐입니다. 사업활동에 필요한
자산이란 팔아야 할 물건, 즉 재고자산(원재료·상품·제품)나 제품을 만
들기 위한 시설, 즉 기계·장비·비품·차량 등을 말합니다. 거래처로
부터 받아야 할 돈(채권)도 포함됩니다.

자산은 경제적 가치가 있는 모든 자원으로서 그 자체가 돈으로 회수되거나 매출을 통해 간접적으로 현금흐름을 창출해 주는 것들입니다. 한마디로 갖고 있는 돈을 포함해서 '**미래에 들어올 돈**'이라고 생각하면 됩니다.

기업의 자산규모는 사업체의 덩치로서 자산이 많을수록 그만큼 사업자본이 많이 투자되었음을 의미합니다. 왜냐하면 자산은 결국 누군가의 돈(자본)으로 취득하는 것이며 이런 사업자본은 크게 갚아야 할 부채와 자본(자기자본)으로 구성됩니다.

즉, '자산 = 부채 + 자본'인데, 자산이 많다는 것은 그만큼 자본이 많이 투자됐다는 뜻이며 그에 따라 더 많은 매출과 이익을 내야 한다는 의미입니다.

왜냐하면 사업자본을 사용하는데는 이자비용 등 자본비용이 발생하기 때문입니다. 따라서 자산이 많다고 무조건 좋은 것은 아니며 자산을 잘 운용해서 자산크기에 걸맞는 성과(매출 및 영업이익)를 잘 내는 것이 더욱 중요합니다.

유동자산과 비유동자산을 구분하는 이유는?

자산을 미래에 들어올 돈이라고 정의했는데, 언제 들어올건지에 따라 재무상태표에서는 유동자산과 비유동자산으로 구분합니다. 유동자산은 결산일로부터 1년 이내에 현금화가 되는 자산으로서 **단기성자산**이라고 생각하면 됩니다. 현금은 물론 만기가 정해지지 않은 예금, 만기가 1년 이내인 예금, 거래처에서 받을 돈(외상매출금), 재고자산 등이 이에 속합니다. 이 경우 외상매출금과 재고자산은 둘 다 1년 안에 꼭 현금화된다고 단정하긴 어렵지만 회계(기준)에서는 이들을 모두 유동자산으로 분류합니다.

이와 달리 비유동자산은 결산일로부터 1년이 지나야 현금화가 가능한 자산이므로 **장기성자산**에 해당합니다. 한마디로 장기간 묶여있는 돈을 의미합니다. 만기가 1년 이상인 예금이나 채권, 사업활동에 사용하기 위해 갖고 있는 자산(유형자산)이 이에 해당합니다.

특히 건물·기계·장비·차량·비품 등 유형자산은 판매할 목적이 아니라 사업활동에 쓰기 위해 취득한 것이므로 그 자체가 그대로 현금화되기보다는 장기간에 걸쳐 매출을 통해 간접적으로 현금화되는 것입니다. 대부분의 사업체는 자기 건물이 없이 월세를 내고 사업장을 임차하는 경우가 많은데, 이런 경우 건물주에게 맡긴 임차보증금도 비유동자산에 해당합니다. 사업을 그만두고 철수하기 전까지는 사실상 현금화가 불가능하기 때문입니다.

자산을 이렇게 유동자산과 비유동자산으로 구분해서 표시하는 이유는 사업체의 유동자산이 적고 장기간 묶여있는 비유동자산이 지나치게 많을 경우 단기적으로 지급능력에 문제가 있을 수 있음을 보여주기 위한 것입니다. 업종별로 차이는 있지만 총자산 중 유동자산과 비유동자산이 금액적으로 적절하게 균형을 유지하는 것이 바람직합니다. 해당 계정이 유동자산인지 비유동자산인지는 계정과목별로 이미 정해진 것이므로 회계프로그램을 사용할 경우 계정과목에 따라 자동으로 분류되니 신경쓰지 않아도 됩니다.

지금부터 모든 회계과정을 10월에 수제버거 전문점을 창업한 민수씨의 경우로 예를 들어 설명하겠습니다.

수제버거 전문점(민수버거)을 창업한 민수씨는 1억 원의 예금(자본금) 중 매장 인테리어에 5,000만 원을 사용하고 중고 승용차를 1,000만 원에 구입했습니다. 그리고 버거제조용 장비를 1,000만 원에 구입하고 원재료를 600만 원어치 매입했습니다.

이를 토대로 사업개시 당시의 재무상태표를 만든다면 예금잔액 2,400만 원과 원재료 600만 원은 유동자산에, 사업용승용차(1,000만 원)는 차량운반구로, 장기간 사용할 인테리어비용(5,000만 원)과 장비구입비(1,000만 원)는 비품으로 비유동자산에 표시됩니다.

우선 계정과목에 대한 학습을 마친 후 4장에서 민수씨의 사업장에서 발생한 거래에 의해 순재산(자본)이 어떻게 변화하는지 회계를 통해 알아보겠습니다.

회계상식

| 김민수(민수버거)대표의 개시 재무상태표 |

자산		부채와 자본	
계정과목	금액	계정과목	금액
보통예금	2,400만 원	자본금	1억 원
원재료	600만 원		
차량운반구	1,000만 원		
비품	6,000만 원		
합계	**1억 원**	**합계**	**1억 원**

유동자산 →
비유동자산 →

다 같은 지출이지만 자산과 비용으로 나눈다

복식부기 구조상 돈을 지출하거나 부채가 증가하면 반드시 차변에는 비용발생 또는 자산증가가 들어가게 됩니다. 같은 원리로 비용이 발생하거나 자산이 증가하면 돈이 지출됩니다.

월세나 월급을 지급하면 각각 임차료나 급여라는 비용으로 처리합니다. 그런데 차량이나 커피머신 등 비품을 사면 똑같은 지출인데도 비용이 아니라 자산으로 처리합니다.

왜 이렇게 같은 지출인데도 어떤 경우에는 비용으로, 어떤 경우에는 자산이 되는 걸까요? 핵심은 돈을 지출한 효과가 언제 나타나느냐의 차이입니다. 지출의 효과가 앞으로 장기간(1년 이상)에 걸쳐서 나타나면 발생주의 손익계산 기준에 따라 그 지출을 한해의 비용으로 처리하지 않고 수년간에 걸쳐서 매년 나누어 비용으로 처리해야 합니다.

하지만 지출효과가 1년 이내에 끝난다면 즉시 비용으로 처리해야 합니다. 월세나 급여는 매월 지급하는 것인데다, 이미 제공받은 서비스(용역) 대가이므로 지출효과가 미래에 이어지지는 않습니다. 매장에서 사용하는 휴지나 종이컵, 빨대 같은 소모품도 향후 1년 이내에 사용될 정도의 분량이면 이를 자산이 아닌 비용(소모품비)으로 처리해야 합니다.

광고비도 마찬가지입니다. 옥외간판처럼 시설을 갖추어 광고탑을 만든 경우라면 앞으로 몇 년 동안 광고효과가 지속가능하니 자산으로 처리하지만 매체광고나 전단지홍보 등은 지속기간이 짧으니 지출 즉시 비용(광고선전비)으로 처리해야 합니다.

이처럼 자산과 비용을 구분하는 판단기준은 해당 지출이 내년 이후에도 수익창출에 기여할지 여부입니다. 대부분의 지출은 당해 연도에 지출효과가 끝나지만 차량이나 비품 같은 유형자산은 장기간에 걸쳐서 사업활동에 사용하는 자산입니다. 따라서 해당 자산을 통해 앞으로 수년간 수익을 얻게 되므로 이를 사용하는 기간에 걸쳐서 매년 비용으로 반영하는 것이 합리적인데, 이를 **감가상각**이라고 합니다.

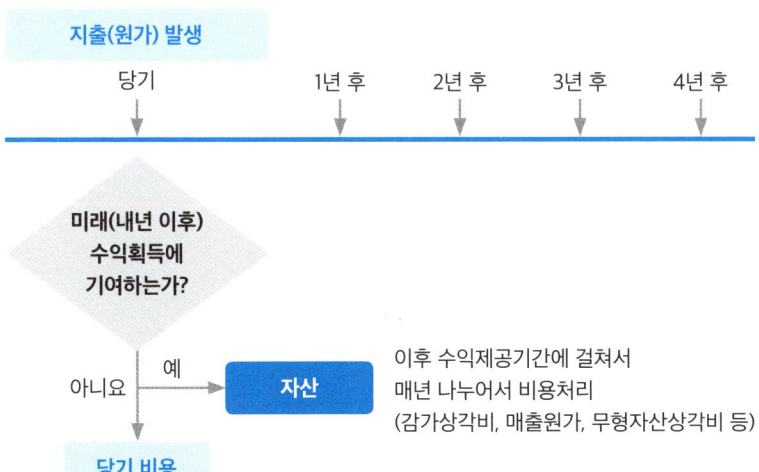

| 자산과 비용의 차이 |

지출(원가) 발생

당기   1년 후   2년 후   3년 후   4년 후

미래(내년 이후)
수익획득에
기여하는가?

아니요   예 → 자산   이후 수익제공기간에 걸쳐서
                        매년 나누어서 비용처리
                        (감가상각비, 매출원가, 무형자산상각비 등)

당기 비용

한편, 매장에서 커피제조에 사용할 원두를 샀다면 이는 향후 매출을 통해 직접적으로 수익을 갖다주는 것이므로 매출할 때까지는 자산(원재료)으로 처리해야 합니다. 다시말해 상품이나 제품은 판매하기 위해 사오거나 만든 것이므로 팔리기 전까지는 자산입니다. 원재료는 가공해서 제품으로 판매하는 것이므로 소비하기 전까지는 자산이지만 제품화해서 소비한 만큼은 비용(원재료비)으로 처리해야 합니다.

예를 들어, 민수씨가 원두 300kg을 600만 원에 구입해서 연말까지 그중 200kg을 사용했다면 미사용분인 100kg 해당액 200만 원은 재고자산에 그대로 두지만, 사용된 400만 원은 비용(원재료비로 들어가서 손익계산서에서는 매출원가로 표시됨)에 포함시켜야 합니다.

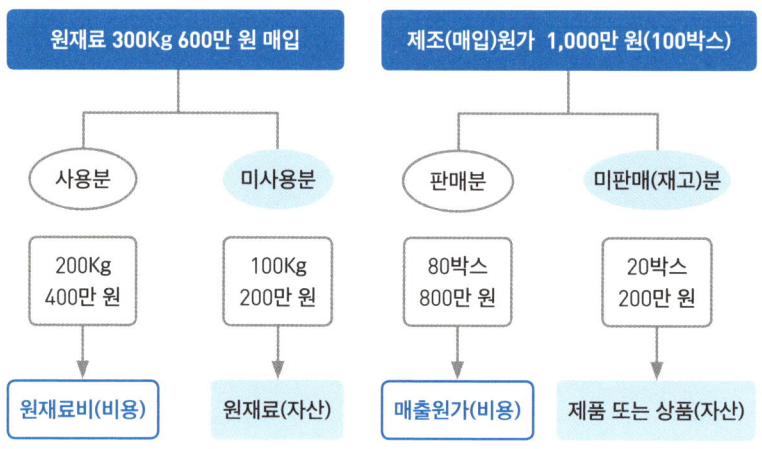

| 원재료와 원재료비, 제조(매입)원가와 매출원가의 차이 |

이렇게 자산금액을 점진적으로 비용으로 처리하는 것은 원가성 자산에 국한됩니다. **원가성자산**이란 재고자산·유형자산·무형자산 처럼 그 가치가 영원히 유지되지 않고 점점 소멸되는 자산을 의미합니다. 이런 자산의 경우 지출시점에서 원가가 발생하지만 그 원가가 바로 비용이 되는 것이 아닙니다.

재고자산은 팔리면서 비용(매출원가)으로 사라지고, 유형자산(토지는 제외)과 무형자산은 사업활동에 사용하면서 노후화 등으로 매년 그 가치가 점점 줄어들게 되므로 이를 매년 비용(감가상각비)으로 반영해야 합니다. 즉, 지출은 이미 끝났지만 비용처리는 이후 발생하는 시점에 맞춰 늦게 이루어지는 셈인데, 이런 것이 발생주의회계입니다.

반면에 예금이나 주식 등 유가증권과 외상매출금 등 **금융자산**은 직접 돈으로 회수되는 것이므로 비용으로 바뀌는 자산이 아닙니다. 하지만 이 경우에도 만약 미래 회수가치(받을 것으로 예상되는 금액)가 변동된 경우에는 발생주의에 따라 이를 손익에 반영해야 합니다.

현금 및 현금성자산에는 어떤게 들어갈까?

회계상 현금에는 지폐이외에 다른 사람이 발행한 수표도 포함됩니다. 수표도 현금과 동일한 효력을 갖기 때문입니다. 현금은 도난위험이 있어서 은행에 그날그날 입금하기 때문에 대부분 사업체에서 많이 갖고 있지는 않습니다. 게다가 요즘은 대부분 거래가 이체거래 또는 카드거래이다보니 현금보유액이 많지 않습니다.

그래서 은행예금 중 보통예금과 당좌예금을 제출용(보고용)재무제표에서는 현금에 포함하여 표시합니다. 이 두 가지 예금은 이자수익을 얻기 위한 것이 아니라 입출금용으로 넣어둔 것이라 은행에 보관해 둔 현금과 같다고 보는 것입니다. 하지만 회계처리할 때는 각각 보통예금과 당좌예금이라는 계정과목을 사용하는 것이며 보고용(제출용) 재무제표에서만 프로그램이 모아서 현금으로 표시해 줍니다.

현금성자산은 위의 두 가지 예금말고도 만기가 없어서 찾아쓰는데 아무런 제약이 없거나, 가입당시부터 만기가 3개월 이내인 예금과 채권 등을 의미합니다. 현금성자산 이외의 금융자산은 만기에 따라 **단기금융상품**(만기가 1년 이내)이나 **장기금융상품**(만기가 1년 이상)으로 분류됩니다.

현금 및 현금성자산은 사업체가 아무런 제약없이 당장 인출하여 사용할 수 있는 돈의 규모가 얼마인지를 보여줍니다.

민수씨가 개업 후에 남은 2,400만 원 중 인건비와 월세 등으로 사용할 900만 원을 보통예금통장에 넣고, 나머지 1,500만 원은 6개월짜리 정기예금에 넣었다면 900만 원은 보통예금, 1,500만 원은 정기예금으로 회계처리됩니다. 과목별 재무상태표에서는 각각의 계정과목으로 나타나지만, 제출용 재무제표를 클릭하면 각각 '현금 및 현금성자산'과 단기금융상품으로 표시됩니다.

| 과목별 재무상태표 |

과목	제 1(당)기[2021/01/01 - 2021/12/31] 금 액	전기 금 액
자 산		
Ⅰ. 유 동 자 산	143,012,794	30,000,000
(1) 당 좌 자 산	141,512,794	24,000,000
현 금	1,500,000	0
보 통 예 금	120,540,067	24,000,000
미 수 금	17,000,000	0
선 급 비 용	40,000	0
부 가 세 대 급 금	2,432,727	0
(2) 재 고 자 산	1,500,000	6,000,000
상 품	700,000	0
원 재 료	800,000	6,000,000

회계상식

두 얼굴의 매출채권(외상매출금과 받을 어음)

매출채권은 글자 그대로 매출대금을 아직 못받은 것을 의미합니다. 매출채권은 제출용 재무상태표에서 표시되는 과목일뿐, 회계처리할 때는 외상매출금이라는 계정과목을 사용합니다. 어음을 받은 경우에는 받을어음을 사용하는데 재무상태표에서는 이 둘을 합쳐서 매출채권으로 표시됩니다.

민수씨의 가게처럼 일반소비자를 대상으로 하는 사업체는 카드매출대금이 1개월 단위로 입금되므로 매출채권이 거의 없습니다. 그러나 도매·제조·건설업이나 사업체간 거래를 주로 하는 사업장에서는 매출채권이 많을 수밖에 없는데, 거래처로부터 아직 받지 못한 돈이므로 매출채권관리는 사업에서 매우 중요합니다.

외상매출금은 매출과 함께 발생하며 그 금액은 카드전표 또는 세금계산서에 찍힌 공급대가금액(공급가액+부가가치세)과 일치합니다. 그리고 훗날 회수하면서 소멸되는 자산이므로 분개할 때는 반드시 돈받을 상대방 거래처를 입력해야 합니다.

매출채권은 힘들게 팔았지만 아직 회수가 안된 돈이므로 그만큼 돈이 거래처에 물려있다는 의미이므로 그 금액이 많거나 증가하면 자금압박을 받을 수 있습니다. 게다가 장기간 미회수상태가 지속되다가 상대거래처가 폐업이나 부도를 맞으면 떼이기도 하는데, 이를 대손이라고 하며 떼인 채권을 비용으로 처리한 것이 **대손상각비**입니다.

매출채권은 미래에 들어올 돈이므로 매출 당시에는 자산으로 표시했지만 항상 회수하지 못할 위험에 노출되어 있는 셈이며, 그것이 현실화됐을 때는 자산이 한 순간에 사라지고 대손상각비라는 비용이 발생하게 됩니다. 결국 매출채권은 그만큼 돈을 받을 권리가 있는 자산이지만 동시에 떼일 위험도 갖고 있는 두 얼굴의 자산입니다.

(올해 매출시)

(차) 외상매출금	1,100만 원	(대) 매출	1,000만 원
		부가가치세예수금	100만 원

(2년 후 거래처 파산으로 전액 대손확정시)

(차) 대손상각비	1,100만 원	(대) 외상매출금	1,100만 원

회계 TIP

위와 같이 처리하는 것은 회계기준에 맞지 않습니다. 대손은 2년전 매출 당시에 돈을 받지 못했기 때문에 발생한 것으로 당시 매출 1,000만 원에 관련된 비용입니다. 따라서 매출을 잡은 해에 미리 손실예상액을 추산해서 다음과 같이 비용으로 선반영해야 합니다. 이렇게 매출수익에 관련된 비용을 동일한 연도에 반영하는 것을 **'수익비용대응의 원칙'**이라고 합니다.

(올해 결산시)

(차) 대손상각비	1,100만 원	(대) 대손충당금	1,100만 원

재무상태표		손익계산서	
매출채권	1,100만 원	대손상각비	1,100만 원
(대손충당금)	(1,100만 원)		

● 매출채권에서 1,100만 원의 대출충당금이 차감 표시되므로 매출채권의 장부상 금액은 0원이며, 대손상각비 1,100만 원은 판매비와관리비에 표시됩니다.

(2년 후 전액 대손확정시)

(차) 대손충당금	1,100만 원	(대) 외상매출금	1,100만 원

● 대손충당금과 상계하는 것이므로 대손확정시에는 손익에 아무 영향이 없습니다.

앞의 경우 사후적으로는 1,100만 원의 매출대금을 받지 못했음에도 매출 관련 부가가치세 100만 원은 이미 납부된 셈입니다. 이때는 부도, 파산 등 대손의 증거서류를 제출하면 100만 원의 부가가치세를 환급받을 수 있는데, 이를 **대손세액공제**라고 합니다.

재고자산은 팔려야 비용이 된다

사업체에서 거래처나 고객들에게 판매하기 위해 갖고 있는 상품·제품·원재료 등을 묶어서 **재고자산**이라고 합니다. 서비스업처럼 용역을 판매하는 업종은 재고자산이 없습니다. 그러나 도소매·제조·건설업·음식점업 등은 재고자산을 보유하고 이를 팔아서 매출을 달성하게 됩니다.

도소매업처럼 자신이 직접 제품을 만들지 않고 사와서 그대로 판매하는 경우 판매를 위해 매입한 물건을 **상품**이라고 합니다. 이 경우 매입한 금액이 **매입원가**이며 이는 따로 계산하지 않아도 매입세금계산서 등 증빙을 통해 그 금액을 확인할 수 있습니다.

그러나 나머지 업종은 원재료를 사온 후 이를 가공해서 제품으로 만들어 판매합니다. 가공이란 원재료비에 추가로 들어가는 원가, 즉 인건비와 기타경비를 투입하는 것을 말합니다. 이렇게 가공된 물건은 **제품**이라고 하며 이런 경우 해당 제품의 제조원가가 얼마인지는 원가계산을 해야 알 수 있습니다.

제조원가계산을 어렵게 생각할 필요는 없습니다. 제조나 건설을 하는데 들어간 원가를 모아서 합산하는 것인데, 이를 위해서는 비용을 회계처리할 때 제조원가를 판매관리비와 구분해서 입력해야 합니다. 제품생산에 관련된 모든 비용을 따로 구분해서 입력하면 전산에서 자동으로 해당 원가금액을 집계해 줍니다. 이때 재료비는 물론 제조를 위해 들어간 인건비와 기타경비가 모두 제조원가에 포함돼야 하므로 이를 별도로 구분해서 처리(회계 프로그램에서 원가계정의 코드번호가 별도로 지정돼 있는데, 더존프로그램의 경우 원가계정은 코드번호 앞자리가 5로 시작함. 예를 들어, 판매관리비의 복리후생비는 811번이지만 공장직원들의 복리후생비는 511번임)해야 합니다. 다만, 원가는 이미 발생했더라도 결산일 현재 완성이 안된 부분이 있다면 그 금액은 제조원가에서 빼내야 하는데 이를 **재공품**이라고 합니다.

예를 들어 제조원가집계금액이 총 1억 원인데, 기말 현재 미완성품에 들어간 원가가 3,000만 원이라면 당기의 완성품(제품)원가는 7,000만 원이 됩니다. 이런 재공품은 연속공정을 통해 동일한 제품을 대량생산하는 기업의 경우에는 기말 현재 생산라인에 걸쳐있는 재공품 금액이 얼마인지 따로 평가해야 합니다. 그러나 소규모사업장으로서 고객주문에 의해 건별로 제조하여 납품하는 경우에는 기말 현재 완성여부가 눈으로 구별되므로 제품과 재공품을 따로 평가하지 않아도 됩니다.

예를 들어 주문받은 A의 작업이 이미 끝나서 납품대기 중이라면 A의 제조를 위해 들어간 원가는 제품입니다. 이와 달리 주문받은 B는 기말 현재 미완성상태로 작업진행 중이라면 B의 제조를 위해 들어간 모든 원가는 재공품입니다.

그런데 아무리 원가가 100% 지출된 상품이나 제품일지라도 팔리지 않고 창고와 매장에서 보관 중이면 아직까지는 자산(재고자산 중 상품 또는 제품)입니다. 당기 중에 상품을 사오거나 제품을 만들었다고 하더라도 기말 현재 다 팔리는 것은 아니며 항상 재고가 남게 되는데, 그중 팔린 부분만 비용(매출원가)으로 처리합니다. 이 경우 매출원가라는 비용은 기말에 남아있는 상품·제품의 원가가 얼마인지를 확인하고 이를 통해 간접적으로 계산하게 됩니다.

위의 경우 완성된 제품의 제조원가가 7,000만 원인데 그 중 기말제품재고가 2,000만 원이면 매출원가는 5,000만 원으로 계산됩니다. 그런데 회계입력과정을 통해 이미 발생한 원가가 1억 원으로 집계되어 있으므로 기말에 결산할 때 기말재공품과 기말제품에 각각 3,000만 원과 2,000만 원을 입력하면 두 가지를 모두 차감한 5,000만 원의 매출원가가 자동으로 계산되어 뜹니다.

결국 개별적인 원가항목별 금액을 지출할 때마다 제대로 입력하고 연말에 기말재공품과 기말제품을 정확하게 입력하면 매출원가와 그에 따른 손익계산은 자동으로 이루어집니다.

| 재고자산이 비용처리되는 과정(원가흐름도) |

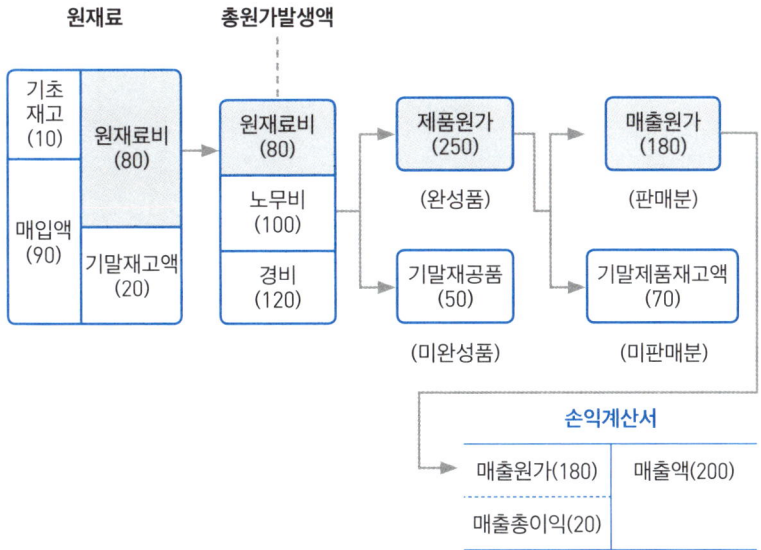

▲ 원가계산의 본질은 발생된 제조원가를 계정과목별로 집계한 후 이를 완성된 부분(제품원가)과 판매된 부분(매출원가)으로 나누는 과정에 불과합니다.

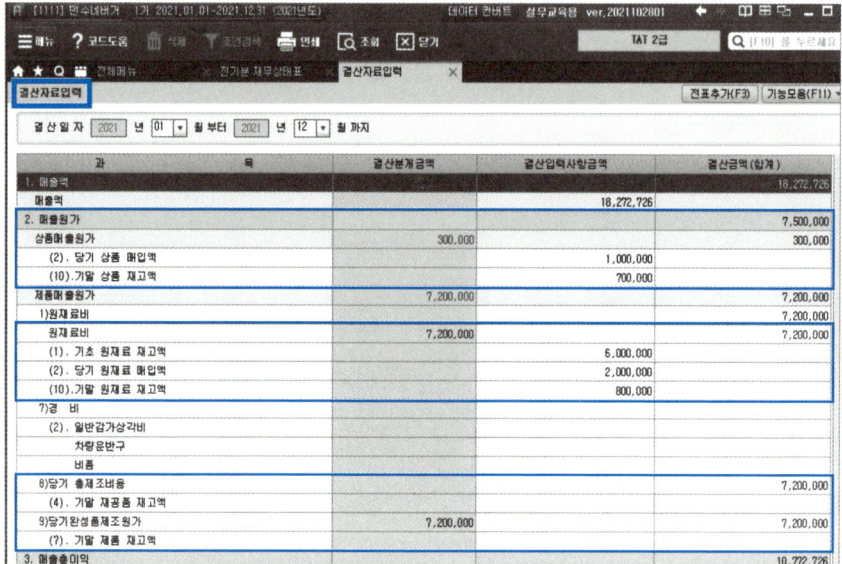

- 회계 프로그램에서는 당기 중에 매입한 상품금액과 발생한 제조원가가 이미 입력된 상태이므로 결산시 결산자료입력 화면에서 상품과 원재료 등의 기말재고금액을 입력하면 자동으로 완성품(제품)제조원가와 매출원가를 계산해줍니다.
- 상품매입액이 100만 원인데 기말재고가 70만 원이면 상품매출원가는 30만 원이며, 원재료의 총 금액이 800만 원(기초재고 600만 원 + 매입액 200만 원)인데, 기말재고가 80만 원이므로 원재료비는 720만 원이 됩니다. 원재료비 이외에 다른 원가항목이 없으며 기말재공품과 기말제품이 없으므로 그 금액이 완성품(제품)원가로 표시됩니다.

선급금과 선급비용의 차이는?

선급금은 거래처에 미리 준 돈을 의미합니다. 재고자산이나 서비스를 매입하고자 할 때 상대방의 요구에 따라 계약금이나 중도금을 미리 지급하는 경우가 있는데, 이때 지급한 돈을 **선급금**이라고

회계상식

합니다.

즉, 선급금은 미리 지급한 만큼 물건이나 서비스를 받을 권리가 있음을 나타내는 자산계정입니다. 따라서 선급금은 준 돈을 다시 현금으로 회수하는 것이 아니며 훗날 재고자산이나 서비스를 제공받으면서 소멸됩니다. 이미 돈을 지급했으므로 다시 지급할 필요가 없기 때문입니다.

그런데 단지 돈만 지급한 것이며 아직 매입거래가 이루어진 것은 아니므로 세금계산서를 받지는 못합니다. 아울러 나중에 매입시점에서는 지급할 돈에서 선급금을 상계처리해야 하므로 분개할 때는 매출채권과 마찬가지로 선급금을 지급한 상대방 거래처가 어디인지 반드시 입력해 두어야 중복지급을 방지할 수 있습니다.

| 거래처에 원재료 200만 원을 주문하고 선급금 50만 원을 계좌이체하다 |

차변		대변	
계정과목	금 액	계정과목	금 액
선급금 (자산증가)	500,000	보통예금 (자산감소)	500,000

| 주문한 원재료가 도착하고 나머지 금액을 이체송금하다 |

차변		대변	
계정과목	금 액	계정과목	금 액
원재료 (자산증가)	2,000,000	선급금 보통예금 (자산감소)	500,000 1,500,000

한편 선급비용도 이미 지출된 돈이라는 점에서는 선급금과 비슷하지만 이는 매입 대금이 아니라 비용을 선지급한 것입니다. 회계상의 손익은 연도별로 계산되므로 올해의 손익계산에는 반드시 올해의 수익·비용만 포함돼야 합니다. 그런데 만약 내년도의 비용을 올해 미리 지급했다면 비록 돈을 지출했지만 이는 내년도의 비용으로 연기시켜야 하는데, 이를 **선급비용**이라고 합니다.

예를 들어 사업장의 재고자산과 건물 등이 화재로 피해를 볼 경우에 대비해서 화재보험을 든다고 가정하겠습니다. 이 경우 10월 1일에 보험에 가입하고 1년분 보험료로 120만 원을 지급했다면 3개월분(10월 1일 ~ 12월 31일)은 올해의 비용이 맞지만, 9개월분인 90만 원은 명백히 내년도 보험료에 해당합니다. 따라서 보험료 납부시 다음과 같이 회계처리해야 합니다.

차변		대변	
계정과목	금 액	계정과목	금 액
보험료(비용발생) 선급비용(자산증가)	300,000 900,000	보통예금 (자산감소)	1,200,000

선급비용은 이미 비용을 지출했지만, 아직 발생시기가 안됐기 때문에 발생주의 손익계산기준에 따라 비용처리를 잠시 보류한 것입니다. 따라서 선급비용은 미래에 직접적으로 돈으로 바뀌는 자산이 아니며 잠시 연기시킨 비용에 불과합니다. 미리 돈을 냈으니 최

회계상식

소한 내년 9월말까지는 보험료 납부없이도 보장서비스를 받을 수 있기 때문에 이를 자산가치가 있다고 보는 것입니다.

그러나 내년 9월말 이후에는 자산가치가 소멸하므로 내년에는 이를 다시 보험료라는 비용에 포함시켜야 하는데, 원래했던 분개를 거꾸로 한다는 뜻에서 이를 **역분개**라고 합니다. 그런데 어차피 해야 할 회계처리이므로 실무에서는 12월 31일자 재무상태표의 선급비용금액에 대해 다음날인 내년 1월 1일에 미리 역분개를 하기도 합니다.

| 다음 해 1월 1일 또는 9월말 |

차변		대변	
계정과목	금 액	계정과목	금 액
보험료 (비용발생)	900,000	선급비용 (자산감소)	900,000

● 이렇게 함으로써 지출된 120만 원의 보험료가 발생기준에 따라 그 해에 30만 원, 다음 해에 90만 원씩 각각 나누어 비용처리됩니다.

보험료 이외에 건물이나 장비 또는 기술을 장기간 사용하기로 하고 몇년 치 관련 비용(임차료 또는 사용료)을 한꺼번에 지급하는 것처럼 일정기간동안의 비용을 한꺼번에 지급하는 경우에는 반드시 발생주의에 따라 사용기간별로 나누어서 비용처리해야 합니다. 따라서 아직 사용기간이 도래하지 않은 부분은 선급비용이라는 자산으로 처리했다가 사용한 해에 비용으로 대체시켜야 합니다.

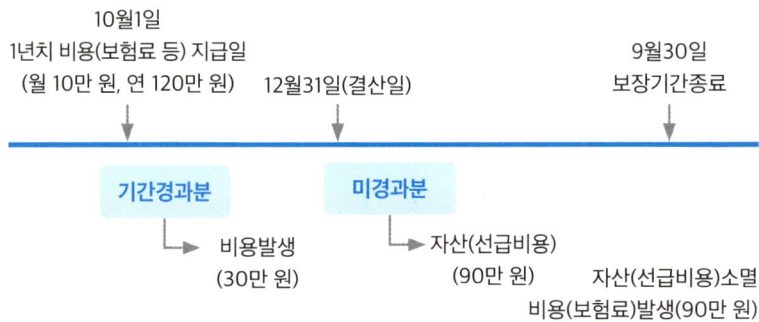

| 선급비용은 비용이 아니라 자산이다 |

10월1일
1년치 비용(보험료 등) 지급일
(월 10만 원, 연 120만 원) 12월31일(결산일)

9월30일
보장기간종료

기간경과분

미경과분

비용발생
(30만 원)

자산(선급비용)
(90만 원) 자산(선급비용)소멸
비용(보험료)발생(90만 원)

세법에서는 손익을 권리의무확정주의에 따라 귀속시키므로 미리 선지급된 비용을 그 해의 비용으로 인정하지 않습니다. 따라서 결산시 선급비용을 반영하지 않으면 그만큼 비용이 과대계상되고 순이익이 축소되는 것이므로 반드시 세무조정을 해야 합니다.

미수금과 미수수익의 닮은 꼴과 다른 꼴

미수금도 아직 받지 못한 돈이라는 점에서는 매출채권과 마찬가지로 채권계정에 속합니다. 하지만 **미수금**은 영업과 무관한 채권이라는 점에서 매출채권과 구별됩니다. 즉, 채권의 발생사유가 매출거래가 아니라 일반거래에 의한 것입니다.

예를 들어 회원을 탈퇴할 때 돌려받지 못한 출자금 또는 건물주에게 맡긴 임대보증금을 아직 못받았거나 차량이나 장비매각대금

회계상식

을 못받은 경우, 이는 매출거래로 인해 발생한 채권이 아니므로 미수금이라는 계정으로 처리합니다. 미수금 또한 받을 채권이므로 받지 못할 위험이 있으며 채권관리를 위해서는 분개시 반드시 상대방 채무자를 입력해 두어야 합니다.

| 장부가액 1억 원의 장비를 1억 2,000만 원에 양도하고 계약금 5,000만 원을 받았다 |

차변		대변	
계정과목	금 액	계정과목	금 액
보통예금 미수금 (자산증가)	50,000,000 70,000,000	기계장치 (자산감소) 유형자산처분이익 (수익발생)	100,000,000 20,000,000

● 자산매각시 회계처리는 인도일, 등기이전일, 잔금일, 상대방의 사용수익일 중 가장 빠른 날에 해야 합니다. 일반적으로 잔금이 정산된 이후 소유권이전등기가 이루어지므로 부동산거래에서는 미수금이 발생할 가능성이 낮지만, 차량이나 장비 등을 잔금일 전에 먼저 인도하거나 상대방이 사용하기 시작하면 자산이전이 된 것이므로 그 시점에서 회계처리해야 하므로 미수금이 발생하게 됩니다.

그런데 원칙적으로는 미수금이 영업활동(매출)과 관련없는 채권이지만 중소사업체에서는 영업관련채권을 미수금으로 처리하는 경우가 많습니다. 건설업체에서 사용하는 공사미수금이나 일반소비자를 대상으로 하는 사업체에서 사용하는 카드미수금계정이 그 사례입니다.

특히 회계 프로그램에서는 카드매출을 입력하면 자동으로 미수금이라는 계정이 만들어지는데, 외상매출금은 거래 당시 외상조건이지만 카드매출은 외상조건이 아니면서 카드대금만 아직 회수되지 않은 것이라서 사업상채권임에도 불구하고 미수금으로 처리하는 것입니다.

한편, **미수수익**은 수익이 발생했음에도 불구하고 아직 받지 못한 금액을 의미합니다. 미수금과 다른 점은 미수금은 돈받을 권리가 이미 확정된 채권이지만 미수수익은 돈받을 권리가 아직 확정되지 않았다는 점입니다. 주로 결산할 때 시간이 지나면서 수익이 발생하는 이자수익 등에서 미수수익을 반영합니다.

| 1월 2일에 가입한 장기성예금 1억 원(만기 2년, 이자율 3%)의
1년 치 이자발생액 300만 원을 결산시에 이자수익에 포함시키다 |

차변		대변	
계정과목	금 액	계정과목	금 액
미수수익 (자산증가)	3,000,000	이자수익 (수익발생)	3,000,000

| 장기성예금 1억 원(만기 2년, 이자율 3%)의 만기가 되서 이자에서 이자소득세(법
인은 법인세) 등 15.4%를 공제한 금액을 받아서 보통예금에 입금하다 |

차변		대변	
계정과목	금 액	계정과목	금 액
보통예금 선납세금 (자산증가)	5,076,000 924,000	미수수익 (자산감소) 이자수익 (수익발생)	3,000,000 3,000,000

● 이자수익은 2년에 걸쳐서 매년 300만 원씩 반영됩니다.

　　　　　　　　　　　　　　　　　　　　　　회계상식

법인이나 개인이 이자를 받을 때는 지급자(은행)가 지급액의 14%(지방소득세 1.4%를 포함하면 15.4%)를 법인세 또는 소득세로 원천징수합니다.

미수수익도 선급비용과 마찬가지로 손익계산을 발생주의로 하기 위해 나타내는 것인데, 아직 받을 권리가 확정된 수익이 아니기 때문에 세법에서는 미수수익을 수익으로 인정하지 않습니다. 따라서 대부분의 중소사업체에서는 세법기준에 맞춰 미수수익을 아예 회계처리하지 않고 만기시에 한꺼번에 이자수익을 잡는 것이 일반적입니다.

단기대여금은 누가 빌려간 돈일까?

업무와 상관없이 단기간(1년 이내)동안 빌려준 돈을 **단기대여금**이라고 합니다. 사업체가 돈을 빌려준 상대방은 거의 대부분 특수관계인(주주·임직원·계열사) 또는 거래처 등입니다. 법인의 경우 법인자금을 특수관계인에게 이체할 때 횡령이 아닌 정상적인 자금대여 거래로 인정받으려면 상대방과의 계약서가 있어야 하며 계약서에는 차입자, 상환일자, 이자지급조건 등이 기재돼야 합니다.

대여금도 채권자산이므로 회수불능위험이 있는 것은 다른 채권과 마찬가지입니다.

| 대표이사에게 3,000만 원을 이체송금하여 단기간 빌려주다 |

차변		대변	
계정과목	금 액	계정과목	금 액
단기대여금 (자산증가)	30,000,000	보통예금 (자산감소)	30,000,000

개인사업자는 법인과 달리 사업체의 모든 자산이 개인사업주의 것이라 사업체의 자금인출에 아무런 제약이 없으므로 대여금이라는 계정을 사용할 필요가 없습니다. 하지만 법인은 법인과 그 대표자 및 주주가 서로 다른 경제주체이므로 특수관계인이 법인자금을 사용할 때는 반드시 대여금으로 회계처리해야 합니다.

가지급금은 자금지출시 회계처리가 잠시 불가능한 경우 임시로 처리하는 가계정(임시계정)으로 결산시에는 반드시 해당계정으로 대체시켜야 합니다. 그런데 세법에서는 법인이 주주나 대표이사 등 특수관계인에게 업무와 상관없이 빌려 준 돈, 즉 대여금을 가지급금으로 표현합니다.

세법에서는 가지급금에 대해 인정이자를 계산하여 법인세를 부과하고 당사자에게는 소득세를 과세하는 등 여러 가지 불이익을 주므로 대여금거래는 가급적 하지 않는 것이 안전합니다. (257쪽 참조)

여유돈은 단기금융상품과 투자자산으로 굴린다

사업활동을 통해 돈을 벌면 그 돈을 잘 운용해야 합니다. 돈을 운용하는 방법은 사업체도 개인이 재테크하는 것과 다르지 않습니다. 예금이나 채권은 안전하지만 수익률이 낮고, 주식과 펀드 등은 기대수익률이 높지만 가치변동의 위험이 따릅니다.

어떤 투자대상을 선택할지는 투자자의 위험선호도에 따라 달라지겠지만, 자금운용기간에 따라 단기금융상품과 (장기)투자자산으로 나누어 집니다. 단기금융상품에는 만기가 1년 이내인 각종 예금·채권 등 1년 내에 현금회수가 가능한 투자자산이 포함됩니다.

이에 반해 (장기)투자자산에는 장기투자를 목적으로 하는 장기성 예금, 출자금, 장기대여금, 유가증권(매도가능증권)이 포함됩니다.

하지만 대부분의 중소사업체는 여유자금이 많지 않으므로 투자용자산은 그 금액이 적거나 없는 경우가 많습니다. 따라서 만약 차입금이 많지 않으면서 장기성예금이나 유가증권 등 사업과 무관한 투자용자산이 많다면 그만큼 사업체가 튼실하고 이익성과가 잘 나와서 여유자금이 많다는 증거이기도 합니다.

**| 사업체에서 1억 원의 여유자금을 여러 자산에 분산투자한 경우
회계처리는 다음과 같습니다 |**

차변		대변	
계정과목	금 액	계정과목	금 액
장기성예금 출자금 만기보유증권 매도가능증권 (자산증가)	30,000,000 20,000,000 10,000,000 40,000,000	보통예금 (자산감소)	100,000,000

만기보유증권(채권)이나 매도가능증권(주식)은 회계기준에 따른 계정과목이므로 외부
회계감사를 받지 않는 중소사업체에서는 둘 다 유가증권이라는 계정을 사용해도 됩
니다.

부가가치세대급금은 돌려받을 돈이다

부가가치세는 거래금액에 붙는 세금이라서 **거래세**라고 합니다.
일반과세사업자의 경우 매출금액의 10%를 공급자가(판매자)가 받아
서(거래징수라고 함) 내야 합니다. 즉, 부가가치세는 매입자가 부담하
는 것으로 매출자가 받아서 내는 세금이라 간접세에 해당합니다.
이 경우 매입자가 부담하는 부가세를 **매입세액**이라고 하는데 이를
처리하는 계정과목이 부가가치세대급금입니다.

회계상식

예를 들어 가격이 5만 원일 경우 사업자간의 거래로서 세금계산서를 받아서 부가가치세를 별도로 부담하는 경우에는 5,000원이 매입세액입니다. 그러나 세금계산서를 받지 않고 5만 원을 카드로 결제한 경우에는 5만 원에 10%의 부가세가 포함된 것이므로 이를 1.1로 나눈 45,454원이 매입액이고, 매입액의 10%인 4,546원(카드단말기에서 자동으로 계산됨)은 매입세액으로서 부가세대급금에 해당합니다.

이와 반대로 매출할 때 받은 부가가치세, 즉 **매출세액**은 부가가치세예수금이라고 합니다. 이 경우에도 20만 원을 매출한다면 세금계산서를 발행해서 2만 원의 부가세를 별도로 받든지, 아니면 매출금액에 포함된 경우에는 18,182원(20만 원 ÷ 1.1 × 0.1)의 부가세를 받은 것으로 처리하게 됩니다.

사업자는 거래과정에서 받은 부가세를 가지고 있다가 일정기간 주기별(법인은 3개월, 개인사업자 중 일반과세자는 6개월)로 부가가치세 신고를 통해 납부하게 됩니다. 이때 납부세액은 매출세액에서 매입세액을 뺀 금액(앞의 사례의 경우 각각 15,000원 또는 13,636원)입니다. 따라서 받은 매출세액(부가세예수금)은 내야 할 부채이고 공제(환급)받을 매입세액(부가세대급금)은 자산에 해당합니다.

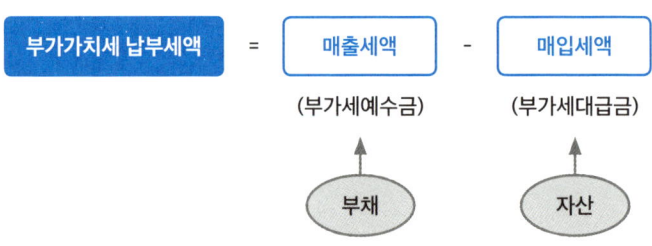

| 부가가치세 납부세액 |

부가가치세 납부세액 = 매출세액 - 매입세액
(부가세예수금) (부가세대급금)
부채 자산

한편 부가가치세를 내지 않아도 되는 사업자(주택임대업·병의원·학원·금융업 등)를 면세사업자라고 하는데, 면세사업자는 부가가치세를 받지 않기 때문에 내야할 부가세가 없으므로 매입세액을 공제받지 못합니다. 그러므로 면세사업자가 부담한 매입세액은 부가세대급금이 아니라 관련 자산 또는 비용금액에 포함하여 처리해야 합니다. 따라서 이런 면세사업체에서는 부가세예수금과 부가세대급금이라는 계정과목을 아예 사용하지 않습니다.

| 결산일에 매출부가세와 매입부가세를 정산하여
내년 1월 25일 부가가치세 신고에 대한 준비를 마감하였다.
12월 31일자로 시산표를 조회한 결과 부가세대급금 잔액은 800만 원,
부가세예수금 잔액은 1,000만 원이다 |

차변		대변	
계정과목	금 액	계정과목	금 액
부가세예수금	10,000,000	부가세대급금 미지급금	8,000,000 2,000,000

회계상식

회계기준에 따르면 자산과 부채는 상계하지 않고 각각 표시하는 것이 원칙입니다. 그러나 부가가치세처럼 채권과 채무를 정산해서 차액만 납부하거나 받는 경우에는 상계하여 순액을 부채 또는 자산으로 표시해야 합니다. 따라서 위의 경우처럼 결산할 때는 부가세예수금과 부가세대급금을 상계하여 그 차액인 200만 원을 부채(미지급금)로 표시하게 됩니다.

연도 중에 미리 낸 세금도 자산이다

모든 사업자는 소득에 대한 세금(개인은 종합소득세, 법인은 법인세)을 1년에 두 번으로 나누어 내는데, 확정신고납부 전에 미리 내는 것을 **중간예납**이라고 합니다. 개인사업자에게는 매년 11월 하순에 세무서로부터 전년도에 낸 세금의 1/2이 고지되는데, 이를 미리 납부한 후 다음 해 5월에 종합소득확정신고 때 정산합니다.

법인(12월말 결산법인으로 가정)은 매년 8월에 중간예납을 스스로 신고하고 내야 합니다. 이 경우에도 전년도 산출세액을 기준으로 1/2을 미리 신고하고 내는 것이므로 계산은 간단합니다. 그리고 다음 해 3월말까지 법인세를 확정신고하는데, 이때도 중간예납한 세금을 빼고 내는 것입니다. 참고로 개인이든 법인이든 중간예납세액이 50만 원 미만이면 중간예납의무가 없습니다.

중간예납이외에 사업자가 은행 등으로부터 이자를 받을 때 이자에 대한 소득세를 **원천징수**당하는데, 이 경우 미리 낸 세금도 선급법인세(선급세금)에 해당합니다.

이렇게 중간예납과 원천징수로 미리 낸 세금을 처리하는 계정이 **선급법인세** 또는 **선납세금**이며 이는 다음 해 확정신고 때 내야 할 세금에서 그만큼 차감(공제)되는 것이므로 자산에 해당합니다.

단, 개인사업자는 소득세를 사업체에서 내는 것이 아니라 본인이 내는 것이므로 중간예납이나 확정신고때 납부한 소득세를 사업체의 비용으로 처리하지 않습니다. 그러나 법인은 결산 때 내년 3월에 내야 할 법인세를 미리 계산해서 더 내야할 금액이 있다면 이를 미지급법인세(부채)로 나타내야 합니다.

| 12월 25일 보통예금통장에 결산이자가 입금되었는데, 이자 20만 원 중 원천징수세액 30,800원을 차감한 잔액이 보통예금계좌에 입금되었다 |

차변		대변	
계정과목	금 액	계정과목	금 액
보통예금 선급법인세 (자산증가)	169,200 30,800	이자수익 (수익발생)	200,000

▲ 30,800원 = 20만 원 × 15.4%

법인은 이자수익·배당금수익이 모두 법인소득에 포함되지만 개인사업체인 경우에는 이자·배당소득이 사업소득에 포함되지 않으므로 이자수익에 대해 회계처리하지 않아도 됩니다. 만약 이자수익을 장부에 반영한 경우에는 사업소득계산시 이를 제외시켜야 하므로 이자수익과 원천징수에 관해서 회계처리하지 않는 것이 편합니다.

개인의 이자소득은 배당소득을 포함해서 연간 2,000만 원(분리과세되는 고배당기업으로부터 받은 배당금은 제외)을 초과한 경우에만 사업소득과 별개로 종합소득에 포함됩니다.

| 결산을 위해 법인세를 계산한 결과 당해 연도의 법인세 결정세액이
1,200만 원으로 확인되었다. 선급법인세계정을 조회해보니
중간예납세액과 법인세원천징수세액은 모두 500만 원이다 |

차변		대변	
계정과목	금 액	계정과목	금 액
법인세비용 등 (비용발생)	12,000,000	선급법인세 (자산감소)	5,000,000
		미지급법인세 (부채증가)	7,000,000

연도 중에 미리 낸 법인세 500만 원을 돌려받고, 확정된 법인세 1,200만 원을 내는 것이 아니라 그 차액만 납부하는 것이므로 결산할 때 선급법인세(자산)를 모두 정리하고 내야 할 금액만 부채로 표시해야 합니다.

유형자산은 사업활동에 사용하면서
매년 비용으로 녹아 없어진다

유형자산은 사업활동을 위해 반드시 있어야 하는 자산입니다. 제조업에서 제품제조에 사용하는 기계를 비롯해 건설업의 장비 그리고 사업장건물과 토지 등이 이에 해당합니다. 이외에도 차량과 비품 등이 유형자산에 해당합니다.

유형자산을 살 때 들어간 지출은 모두 자산으로 처리했다가 이후 사용하는 기간에 걸쳐서 매년 비용으로 안분하게 되는데 이렇게 안분된 비용을 **감가상각비**라고 합니다. 다만, 토지는 사용을 하더라도 그 가치가 줄어들지 않으므로 감가상각을 하지 않습니다.

이 경우 감가상각기간(내용연수라고 함)을 어떻게 정하느냐에 따라 매년 비용(감가상각비)이 달라지는데, 가급적 세법에 정해진 기간대로 하는 것이 편합니다. 만약 세법에 정해진 내용연수(건물은 40년, 차량과 비품은 5년)와 다를 경우에는 감가상각비 금액이 세법기준과 달라지므로 세무조정을 해야하는 번거로움이 생기기 때문입니다.

감가상각비는 손익계산을 발생주의로 하기 위한 것으로 유형자산의 취득에 들어간 원가를 지출시점이 아닌 사용시점에서 매년 사용한 만큼을 비용으로 넣는 것입니다. 판매목적으로 취득한 재고자산원가를 취득시점이 아닌 판매시점에서 비용(매출원가)으로 넣는 것과 같은 원리입니다.

　유형자산의 구입원가는 토지의 경우 매매계약서상의 거래금액을, 다른 유형자산은 상대방이 발행한 세금계산서상의 공급가액을 의미합니다. 할부로 구입한 경우 공급가액에는 할부이자가 포함되는데 이것도 구입원가에 포함시키면 됩니다.

　하지만 감가상각 대상금액인 **취득원가**에는 해당 자산의 구입원가 외에 취득관련 부대비용을 모두 포함시켜야 합니다. 유형자산을 취득하는 경우 부수적으로 발생하는 취득관련세금(취득세), 등기비용, 중개수수료, 운송비 등 해당 자산을 사용하기 위해 들어가는 모든 비용을 비용처리하지 말고 취득원가에 포함시켜야 합니다. 특히 차량 중에서 승용차의 구입시 부담한 부가가치세는 세법상 환급(공제)이 안되므로 부가세대급금이 아니라 취득원가에 포함시켜야 합니다.

　창업초기에 발생하는 인테리어 등 시설비나 내부수리비도 해당 자산을 1년만 사용하고 버리는 것이 아니므로 사용기간에 걸쳐 비용화해야 합니다. 따라서 지출금액을 유형자산(비품 또는 시설장치)으로 처리해서 매년 감가상각해야 합니다.

**| 사업체에서 사용할 화물차를 24개월 할부로 구입하고 세금계산서를 받다.
취득세 등 차량등록비용으로 100만 원을 계좌이체로 납부했다 |**

차변		대변	
계정과목	금 액	계정과목	금 액
차량운반구 부가가치세대급금 (자산증가)	21,000,000 2,000,000	미지급금(부채증가) 보통예금(자산감소)	22,000,000 1,000,000

전자세금계산서				승인번호			
공급자	등록번호	237-13-XXXXX	종사업장번호	공급받는자	등록번호	123-45-XXXXX	종사업장번호
	상 호 (법인명)	한국자동차	성명	서한국	상 호 (법인명)	민수버거	성명	김민수
	사업장	서울시 강남구 역삼동			사업장	서울시 성동구 행당동	
	업태	제조	종목	자동차	업태	서비스	종목	음식점
	이메일	SHK@○○○○.○○○			이메일	KMS@○○○○○.○○○	

작성일자	공 급 가 액	세액	수정사유
202*/12/20	20,000,000	2,000,000	

비고	

월	일	품 목	규격	수량	단 가	공 급 가 액	세 액	비 고
12	8	화물차(포터)		1	20,000,000	20,000,000	2,000,000	

합 계 금 액	현금	수표	어음	외상미수금	이 금액을	영수 청구	함
22,000,000				22,000,000			

▲ 2,100만 원(취득원가) = 2,000만 원(구입원가) + 100만 원(부대비용)

차변		대변	
계정과목	금 액	계정과목	금 액
차량운반구	23,000,000	미지급금 보통예금	22,000,000 1,000,000

세무 TIP

승용차의 구입 또는 유지에 관련된 매입세액은 공제가 불가능하므로 관련 매입세액을 자산(차량운반구) 또는 비용(차량유지비)에 포함시켜야 합니다.

무형자산과 기타비유동자산은 현금화하기 어렵다

무형자산도 사업활동에 사용되는 자산이지만 유형자산과 달리 형체가 없는 자산입니다. 비록 형체는 없지만 사업활동을 위해 이미 지출했고 그 성과(해당 지출의 효과 때문에 매출이 발생하는 것을 의미함)가 미래에 기대되는 것이므로 지출한 금액을 자산으로 표시하는 겁니다.

대표적인 무형자산은 **특허권·상표권 등 산업재산권과 개발비·소프트웨어** 등입니다. 산업재산권은 권리취득을 통해 해당 사업체가 독점적으로 사용할 수 있는 권리를 부여받은 것으로 향후 매출수익에 기여할 것이 확실하므로 관련 권리를 취득하기 위해 들어간 모든 비용을 자산으로 표시하는 것입니다.

하지만 영원히 수익을 제공하는 것은 아니기 때문에 일정기간에 걸쳐 매년 비용(무형자산상각비)으로 처리해서 소멸시켜야 합니다. 이 경우 상각기간은 회계기준에서는 20년 이내에서 스스로 정할 수 있지만 세법에 정해진 연수(특허권은 7년, 기타 산업재산권은 5년, 개발비는 20년)대로 하는 것이 편합니다.

무형자산은 중소사업체에서는 매우 드문 계정입니다. 왜냐하면 제조업이 아니라면 산업재산권이 발생할 가능성이 없으며 개발비도 신제품·신기술 개발에 들어간 일상적인 지출은 비용으로 처리해야 하기 때문입니다.

즉, 일상적인 연구비와 경상개발비, 초기단계의 개발비는 항상 비용(판매관리비)으로 처리해야 하며 개발비를 무형자산으로 표시하기 위해서는 개발활동이 성공적으로 완료되어 곧 상업적 대량생산을 통한 매출증가 효과가 가시적으로 나타나야 합니다.

무형자산의 소프트웨어 또한 범용프로그램이 아니라 회사에서 자체적으로 개발한 것을 의미하므로 대부분 범용프로그램을 구입해서 사용하는 중소사업체에서는 발생하기 어렵습니다. 회계나 자재관리·노무관리 프로그램 또는 이를 통합한 ERP 프로그램을 외부에서 구입한 경우에는 이를 유형자산의 비품계정(컴퓨터의 운영체계로 보는 것임)으로 처리하여 매년 감가상각해야 합니다.

한편 **기타비유동자산**은 비유동자산 중 투자자산과 유형·무형자산 이외의 것을 표시하는데 임차보증금이 이에 해당합니다. 임차보증금은 사업을 지속하는 한, 현금화가 불가능하므로 유동성이 가장 낮은 자산이라고 할 수 있습니다. 임차보증금이 아니라도 장기간 예치된 보증금은 모두 이에 해당합니다.

예를 들어 골프장이나 헬스장 등 체육시설이용권을 취득할 때 납부하는 입회보증금도 훗날 반환받을 수 있는 조건이라면 보증금이라는 계정을 써서 자산으로 표시하면 됩니다. 만약 반환하지 않는 조건이라면 무형자산(회원권)으로 처리한 후 예정된 사용기간에 걸쳐 비용(무형자산상각비)으로 처리해야 합니다.

손상된 불량자산은 자산이 아니다

자산은 '미래에 들어올 돈'이라고 했는데 미래는 항상 불확실합니다. 현금이나 예금은 불확실성이 전혀 없지만 매출채권이나 대여금, 미수금, 재고자산 등은 장부상 금액대로 돈이 들어온다는 보장이 없습니다. 가치변동이 심한 유가증권도 마찬가지입니다.

이 경우 해당자산의 장부금액보다 들어올 돈(회수가능액)의 예상치가 적을 경우 해당 자산에서 **손상**이 발생했다고 하며, 그 차액을 **손상차손**이라고 합니다. 손상이 발생할 수 있는 대표적인 자산은 매출채권 등 채권계정과 재고자산입니다. 이 경우 회수가능액이 장부금액에 미달하는 부실채권과 부실재고금액을 각각 해당 자산에서 차감하고 비용으로 처리해야 합니다. 이는 가치가 손상된 금액을 자산금액에 포함시켜서는 안된다는 의미입니다.

회계의 기본원칙 중 하나는 보수적인 표시입니다. 이는 투자자를 보호하기 위해서는 낙관적인 회계보다 비관적인 회계가 더 낫다고 보는 것입니다. 해당 기업의 순자산가치를 실제보다 부풀려서 투자자에게 피해를 주기보다는 보수적으로 보여주는 것이 더 좋으므로 가급적 자산은 적게, 부채는 많이 표시하는 것을 권장합니다. 여기서 부채를 많이 표시한다는 것은 없는 부채를 넣으라는 것이 아닙니다. 미래에 돈이 나갈 가능성이 100%가 아니더라도 매우 높다면 비록 아직은 확정된 부채가 아니라도 이를 표시하라는 것인데 이를 **충당부채**라고 합니다.

이런 보수적인 회계처리를 위해 자산가치 하락이 아직 확정되지 않았지만 미래 손실가능성을 추정해서 그 예상손실을 미리 반영하는 것을 **손상회계**라고 합니다. 각종 채권계정에 대한 대손충당금을 해당자산에서 차감표시하거나 재고자산에 대한 평가충당금을 해당 재고자산에서 차감표시하는 것이 대표적인 손상회계입니다.

하지만 손상회계는 단지 추정일 뿐, 확정되지도 않은 손익을 미리 반영하는 것이므로 세법에서 이를 비용으로 인정하지 않습니다. 따라서 회계기준에 따라 자산금액을 손상처리하면 나중에 세무조정을 해야 하는 번거로움이 따르기 때문에 외부감사를 받지 않는 대부분의 중소사업체에서는 이를 반영하지 않는 것이 일반적입니다.

자산계정의 회계 및 세무리스크 사례와 대비법

사업체가 보유 중인 자산은 실제로 존재해야 하며 장부금액대로 회수가능해야 합니다. 하지만 여러 가지 이유로 없는 자산(가공자산)이 장부에 표시되거나 회수가능금액이 장부가액보다 적을 경우가 있습니다. 사업주(대표)의 입장에서는 이런 리스크를 사전에 방지하고 주기적으로 점검해야 합니다.

계정과목	리스크 사례	대비법
예금	예금잔액이 실제와 안맞음	예금잔고증명서로 주기적인 체크
매출채권	장기미수채권으로 회수가능성을 상실	장기미수채권은 거래처에 채권존재 사실을 확인시키고 지급을 독촉
재고자산	실제 재고수량이 장부와 안맞음	재고수불부를 작성하고 1년 1회 이상 실사
대여금 및 가지급금	가공자산일 가능성	대여금은 대여사실을 계약서로 확인하고 가지급금은 그 원인을 파악
유형자산	장부가액이 과대평가됨	감가상각누락여부 확인

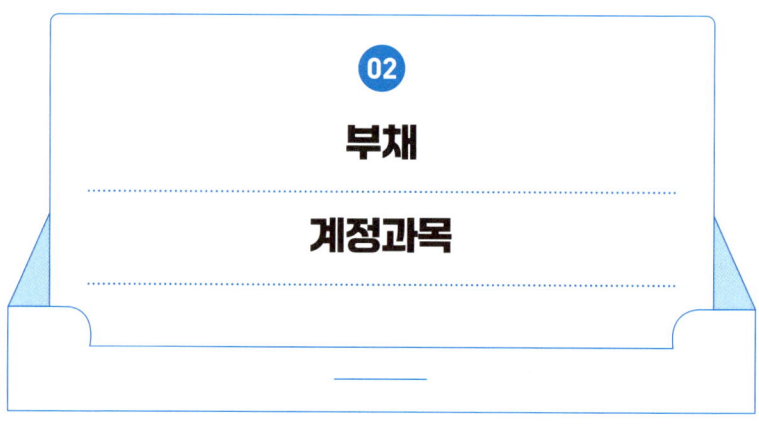

부채
계정과목

부채의 의미

부채는 자산과 반대로 '미래에 나갈 돈'을 의미합니다. 즉, 빌린 돈이거나 갚지 않은 돈으로 사업활동에 내 돈이 아닌 남의 돈을 당겨서 쓰고 있는 금액을 의미합니다.

은행에서 빌린 대출금이나 거래처에 지급하지 않은 돈 그리고 내지 않은 세금 등 부채도 여러 가지입니다. 언젠가는 갚아야 할 돈이므로 갚을 때는 자산이 줄어들게 됩니다. 사업체의 자산은 부채와 자본의 합으로 구성되므로 부채가 많다는 것은 자산의 상당부분이 남의 것이라는 뜻이며 부채가 많다보면 갚지 못하는 경우도 발생하는데, 자산(특히 돈(현금유동성))이 없어서 부채를 상환하지 못하는 기업을 **부실기업**이라고 합니다.

사업체가 부실화되지 않고 부채를 제때에 갚으려면 부채가 자본에 비해 너무 많지 않도록 관리해야 하는데, 이렇게 하려면 이익 성과가 꾸준히 잘 나와서 자본이 해마다 커나가야 합니다.

유동부채와 비유동부채를 구분하는 이유가 있다

부채를 미래에 나갈 돈이라고 정의했는데 돈이 나가는 시기에 따라 유동부채와 비유동부채로 구분합니다. 유동부채는 결산일로부터 1년 이내에 갚아야 하는 부채로서 **단기부채**라고 생각하면 됩니다. 비유동부채는 1년이 지난 후에 갚아도 되는 부채로서 **장기부채**에 해당합니다.

재무상태표에 표시되는 부채 중 매입채무, 단기차입금, 미지급금, 미지급비용, 선수금, 예수금 등 대부분의 부채가 유동부채에 해당합니다. 그러나 장기차입금, 임대보증금, 퇴직급여충당부채 등은 비유동부채에 해당합니다.

비유동부채는 갚는데 시간적인 여유가 많지만 유동부채는 1년 이내에 갚아야 하므로 그만큼 더 위험한 부채에 해당합니다.

자산도 유동자산과 비유동자산으로 구분해서 표시하는데 유동부채보다는 유동자산이 더 많아야 단기적으로 부채상환에 문제가 없다고 볼 수 있습니다. 만약 유동자산보다 유동부채가 더 많다면 부채의 만기를 연장하지 않는 한, 단기채무를 상환할 돈이 모자란다는 의미이므로 채권자의 입장에서는 해당 기업에 대해 불안감을 느낄 수밖에 없습니다.

| 유동자산과 유동부채의 균형이 필요한 이유 |

재무상태표

유동자산	30	유동부채	50	← 1년 안에 갚아야 하는 부채
비유동자산	100	비유동부채	50	← 1년 이후에 갚아도 되는 부채
		자본	30	← 갚지 않아도 되는 돈
자산 총계	130	부채와 자본 총계	130	

● 비유동자산이 지나치게 많아 1년 안에 현금화가 가능한 유동자산이 유동부채보다 적으므로 단기적으로 채무상환이 어려울 수 있습니다.

매입채무(외상매입금과 지급어음)는
거래처에 갚아야 할 돈이다

매입채무란 거래처로부터 사온 원재료나 상품 등의 매입대금을 아직 지급하지 않은 것을 의미합니다. 거래처에 갚아야 할 돈이므로 거래처에서 받지 못한 매출채권과는 반대라고 생각하면 됩니다.

소매업이나 서비스업의 경우 매출대금은 현금으로 바로 받더라도 상품이나 원재료 매입은 외상으로 들어오는 경우가 많습니다. 이 경우 상품 또는 원재료가 증가하고 외상매입금이라는 부채가 증가하는데 어음을 발행한 경우에는 지급어음이라는 계정과목을 사용합니다. 매입채무는 이 둘을 합쳐서 표시하는 과목입니다.

회계처리할 때는 외상매입금 또는 지급어음을 사용하더라도 프로그램에서 제출용 재무제표를 조회하면 자동으로 합산돼서 매입채무로 뜨게 됩니다. 매출채권과 마찬가지로 계정과목외에 상대방 거래처를 입력해야 거래처별로 채권·채무 조회가 가능합니다.

사업체의 매출이 증가하면 매출채권과 매입채무 모두 증가하는 것이 정상입니다. 하지만 매출채권은 증가하고 매입채무는 오히려 감소한다면 사업체의 자금이 고갈될 수 있습니다. 따라서 매출채권과 매입채무금액이 서로 일정하게 균형을 이루도록 관리해야 합니다.

| 거래처로부터 상품 1,000만 원을 매입하고 세금계산서를 받다 |

차변		대변	
계정과목	금 액	계정과목	금 액
상품 부가가치세대급금 (자산증가)	10,000,000 1,000,000	외상매입금 (부채증가)	11,000,000

차입금은 가장 위험한 부채이다

　은행 등 금융회사로부터 빌린 돈을 차입금이라고 하는데, 상환 기간(만기)에 따라 단기차입금과 장기차입금으로 구분해서 사용합니다. 만기가 1년 이내인 것은 **단기차입금**, 1년 이후인 것은 **장기차입금**으로 표시되며 각각 유동부채와 비유동부채에 해당합니다.

　차입금은 나중에 원금을 갚기도 해야 하지만 정해진 이자를 매월 지급해야 하므로 이자비용을 수반합니다. 이자비용은 영업이익을 그만큼 줄어들게 만드는 요인이며, 차입금이 많을 경우 이자비용이 많아져서 영업이익의 대부분이 이자로 새나가므로 차입금이 지나치게 많지 않도록 관리해야 합니다.

| 사업자금이 부족하여 은행에서 **3,000만 원**(만기 1년, 금리 연 6%)을 빌리다 |

차변		대변	
계정과목	금　액	계정과목	금　액
보통예금 (자산증가)	30,000,000	단기차입금 (부채증가)	30,000,000

| 단기차입금 이자 15만 원이 통장에서 이체로 납부되다 |

차변		대변	
계정과목	금　액	계정과목	금　액
이자비용 (비용발생)	150,000	보통예금 (자산감소)	150,000

| 단기차입금 3,000만 원을 만기에 상환하다 |

차변		대변	
계정과목	금　액	계정과목	금　액
단기차입금 (부채감소)	30,000,000	보통예금 (자산감소)	30,000,000

아리송한 선수금과 선수수익

선수금은 매출을 하기도 전에 거래처로부터 미리 받은 돈을 의미하며 상대방에서는 선급금에 해당합니다. 즉, 거래처로부터 주문을 받고 매출대금의 일부를 미리 받은 경우 이를 처리하는 계정입니다.

선급금과 마찬가지로 아직 공급거래가 이루어지지 않았기 때문에 세금계산서를 발행할 필요는 없고 단지 받은 돈만 선수금으로 처리하면 됩니다. 선수금은 비록 부채이지는 하지만 받은 돈을 다시 되돌려주는 것이 아니라 그 금액만큼 재화나 서비스를 제공해야 할 의무가 있음을 나타내는 부채입니다. 따라서 받은 돈에 상당하는 매출이 이루어질 때 매출과 상계해서 정리됩니다.

| 거래처로부터 5,000만 원의 제품을 주문받고 계약금 300만 원을 계좌이체받다 |

차변		대변	
계정과목	금 액	계정과목	금 액
보통예금 (자산증가)	3,000,000	선수금 (부채증가)	3,000,000

| 주문받은 제품을 납품하고 세금계산서를 발행하다 |

차변		대변	
계정과목	금 액	계정과목	금 액
선수금(부채감소) 외상매출금(자산증가)	3,000,000 52,000,000	매출액(수익발생) 부가가치세예수금 (부채증가)	50,000,000 5,000,000

선수수익도 돈을 미리 받은 것은 선수금과 같지만 미래의 수익을 앞당겨서 받은 것을 의미합니다.

예를 들어 헬스장에서 7월 1일 연간 회원권을 240만 원에 판매했다면 연간 사용료 240만 원 중에서 120만 원은 올해 매출이지만 미리 받은 120만 원은 선수수익(부채)으로 잡아야 합니다. 선수수익은 일종의 연기된 수익으로서 내년에는 매출로 대체해야 하며 이렇게 하는 이유는 매출수익을 발생기준에 따라 발생한 기간별로 잡아야 하기 때문입니다.

회계상식

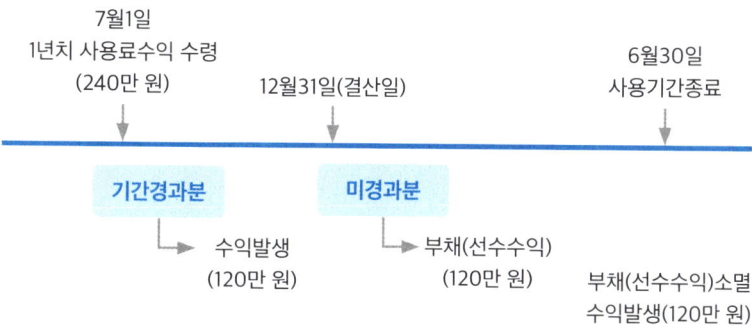

| 제공하지도 않은 수익대금을 미리 받은 것도 빚(부채)이다 |

7월1일
1년치 사용료수익 수령
(240만 원)

12월31일(결산일)

6월30일
사용기간종료

기간경과분

미경과분

수익발생
(120만 원)

부채(선수수익)
(120만 원)

부채(선수수익)소멸
수익발생(120만 원)

선수금과 선수수익의 이런 특성을 감안하면 둘 다 좋은 부채입니다. 선수금이 많을수록 향후 매출이 많이 증가할 수 있음을 시사하며, 선수수익도 지금은 부채이지만 미래에는 다 수익으로 나타나기 때문입니다.

미지급금과 미지급비용의 닮은 듯, 다른 모습

미지급금도 매입채무와 마찬가지로 상대방에게 아직 지급하지 않은 금액을 의미합니다. 다만, 매입채무가 영업활동(원재료나 상품매입을 의미함)과 관련된 채무인데 반해 미지급금은 영업활동과 상관없이 발생한 채무입니다.

예를 들어, 사업체에서 사무용 가구를 외상으로 샀거나 카드로 결제했다면 이는 영업활동과는 상관없이 발생한 채무이므로 매입채무라는 과목 대신 미지급금이라는 과목을 사용합니다. 업무추진비를 법인카드로 결제한 경우에도 지급의무는 이미 확정된 것이므로 미지급금에 해당합니다.

이렇게 미지급금이 돈을 지급할 의무가 이미 확정된 채무인 반면에, **미지급비용**은 돈을 지급할 의무는 아직 없지만 발생된 비용을 처리하는 계정입니다.

예를 들어 은행 차입금 1억 원(금리는 6%)에 대한 이자를 3개월마다 지급하는 조건이고 직전 이자지급일이 10월말이었다고 가정하겠습니다. 이 경우 11월과 12월의 이자는 비록 이자지급일이 안돼 당장 지급할 의무는 없지만 시간이 지나면서 이미 발생한 비용이므로 올해의 이자비용에 포함시켜야 합니다. 따라서 결산일에는 다음과 같은 분개가 필요합니다.

차변		대변	
계정과목	금　액	계정과목	금　액
이자비용 (비용발생)	1,000,000	미지급비용 (부채증가)	1,000,000

▲ 1,000,000원 = 1억 원 × 6% × 2월/12월

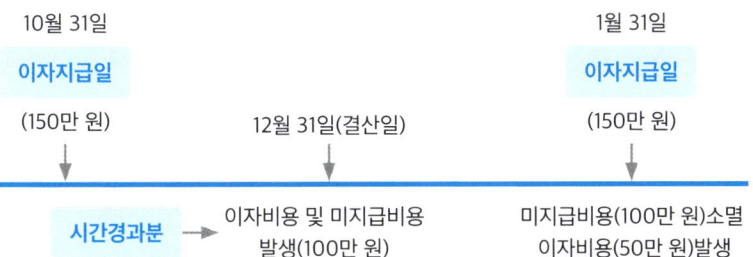

| 시간이 지나면서 발생하는 비용이 있다 |

10월 31일

이자지급일

(150만 원)

12월 31일(결산일)

1월 31일

이자지급일

(150만 원)

시간경과분 → 이자비용 및 미지급비용 발생(100만 원)

미지급비용(100만 원)소멸 이자비용(50만 원)발생

● 만약 이자지급일이 지났는데도 지급하지 않은 연체이자라면 이는 확정채무이므로 미지급비용 대신 미지급금으로 처리해야 합니다.

예수금과 보증금은 보관 중인 남의 돈일 뿐이다

예수금은 사업체가 잠시 보관하고 있다가 돌려주는 등 다시 나가야 하는 돈을 의미합니다. 예를 들어 급여지급시 원천징수한 소득세와 국민연금·건강보험료 등은 다음달 10일에 납부할 때까지만 보관하는 돈이므로 예수금으로 처리합니다. 이후 납부시에는 예수금을 정리하면 됩니다.

| 급여지급일 |

차변		대변	
계정과목	금 액	계정과목	금 액
급여 (비용발생)	5,000,000	보통예금(자산감소) 예수금(부채증가)	4,500,000 500,000

차변		대변	
계정과목	금 액	계정과목	금 액
예수금 (부채감소)	500,000	보통예금 (자산감소)	500,000

보증금도 마찬가지로 이미 받았지만 다시 돌려줘야 하는 남의 돈입니다. 예를 들어 건물을 소유한 사업체가 세입자로부터 1억 원의 보증금을 받았다면 이를 임대보증금이라는 부채로 표시하게 됩니다.

차변		대변	
계정과목	금 액	계정과목	금 액
보통예금 (자산증가)	100,000,000	임대보증금 (부채증가)	100,000,000

세무 TIP

임대보증금은 용역제공대가(월세수익)가 아니므로 세금계산서를 발행하지 않으며 부가가치세도 발생하지 않습니다.

충당부채도 빠짐없이 반영해야 한다

지금까지 나온 부채계정은 대부분 확정된 부채입니다. 하지만 회계상의 부채에는 확정되지 않는 미확정부채도 포함되는데 이를 충당부채라고 합니다. **충당부채**란 아직 부채가 확정되지는 않았지만 그 금액을 추산해서 비용과 부채로 미리 계상하는 것을 말합니다. 다시 말해 미래에 돈이 나갈 가능성, 즉 잠재손실을 미리 선반영하는 것입니다. 투자자를 보호하기 위한 보수적인 회계처리를 위해서 아직 확정되지도 않은 손실을 미리 선반영하는 것입니다.

단, 충당부채를 비용으로 넣기 위해서는 미래 지출가능성이 거의 확실해야 하는데 이에 해당하는 것이 퇴직급여충당부채, 제품보증충당부채, 하자보수충당부채 등입니다. 이들은 비록 그 금액이 당기말 현재 확정되지는 않았지만 미래 지출이 거의 확실하고 각각 지출의 원인인 근로용역제공과 제품매출 및 공사매출이 이미 이루어졌기 때문에 그에 대응하는 비용을 당기에 같이 반영하는 것이 합리적입니다.

예를 들어 자동차회사가 판매한 차량에 대해 1년간 무상 AS를 제공하기로 보증했다면 향후 지출될 보증수리비를 미리 추산해서 매출한 해의 비용에 넣는 것이 수익비용 대응의 원칙에 부합하는데, 이를 제품보증충당부채라고 합니다.

또한 임직원이 퇴사하면 법에 따라 퇴직금을 지급해야 하는데 이것도 퇴직금을 지급한 해에 한꺼번에 비용으로 넣기보다는 근로용역을 제공받은 매년 비용으로 넣는 것이 보다 합리적이고 발생주의 손익계산에 부합합니다. 그리고 이후에 해당 지출이 발생한 때에는 모두 부채(충당부채)에서 차감하게 됩니다.

이외에도 포인트충당부채·마일리지충당부채·쿠폰충당부채 등 업종마다 다양한 충당부채가 있습니다. 모두 상대방과의 약속으로 인해 미래 지출이 거의 확실시되고 그 금액을 과거 경험치 등으로 추산할 수 있는 것입니다. 이에 반해 소송채무나 지급보증채무처럼 미래 지출이 발생할 가능성이 매우 높지 않거나 금액추정이 불가능한 것은 회계처리를 하지 않는데, 이를 **우발부채**라고 합니다.

그러나 세법에서는 회계기준과 달리 충당부채를 비용으로 인정하지 않습니다. 당해 연도에 돈이 지출된 사실이 없는데다 손실이 확정된 것도 아니기 때문입니다. 따라서 만약 이를 비용에 포함시켰다면 세법기준에 따라 손익을 다시 수정해야 합니다. 그래서 대부분의 중소사업체에서는 충당부채와 관련비용을 미리 반영하지 않고 퇴직금이나 제품보증비용 등이 실제로 지출될 때 비용으로 처리하는 것이 일반적입니다.

| 12월 26일 직원이 퇴사하여 퇴직금 400만 원에서 퇴직소득세 80,000원, 지방소득세 8,000원을 차감한 잔액을 당사 보통예금계좌에서 이체하다 |

차변		대변	
계정과목	금 액	계정과목	금 액
퇴직급여충당부채 (부채감소)	4,000,000	예수금(부채증가) 보통예금(자산감소)	88,000 3,912,000

● 중소사업체로서 장부에 퇴직급여충당부채가 없다면 차변의 계정과목이 퇴직급여가 됩니다.

부채계정의 회계 및 세무리스크 사례와 대비법

부채는 자산과 반대로 실제보다 축소되거나 누락될 위험이 높습니다. 따라서 모든 부채가 빠짐없이 포함됐는지가 투자자에게는 매우 중요합니다. 하지만 여러 이유로 부채가 장부에서 아예 누락되거나 적게 표시될 위험이 있습니다.

부채는 단순히 '빚'이 아니라, 사업운영에서 불가피한 자금조달 수단입니다. 하지만 너무 과도하거나 회계처리 잘못으로 부채가 누락되면 사업체에 대한 신뢰도가 하락하고 세무리스크가 증가하는 등의 문제가 발생할 수 있습니다.

따라서 올바른 부채관리와 회계처리가 중요합니다.

계정과목	리스크 사례	대비법
매입채무	지급을 완료했음에도 장기간 미지급으로 남은 경우	거래처에 주기적으로 확인
선수금	매출대금을 선수금으로 처리	수익누락으로 세무리스크가 유발되므로 매월 세금계산서 발행금액과 매출금액의 일치여부를 대조
예수금	지급시 원천징수 누락	외부비용을 증빙없이 계좌이체로 송금할 때는 반드시 소득세를 원천징수해야 함
차입금	차입금이 장부에서 누락	연간 이자비용 규모를 통해 누락여부를 체크함. (이자비용/차입금 평균잔액)이 지나치게 높을 경우 차입금누락 가능성이 있음
충당부채	미반영될 위험	업종특성에 따른 잠재리스크를 따져보고 충당부채의 존재 가능성 여부를 검토

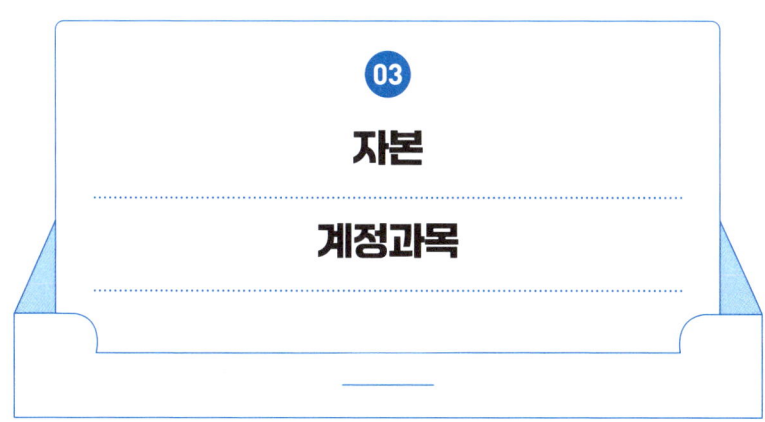

03

자본

계정과목

자본의 의미

　자본은 자산에서 부채를 뺀 것이므로 순자산과 같습니다. 자산이 '내가 가진 것으로 미래에 들어올 돈'이라면 부채는 '남의 돈으로서 미래에 나가야 할 돈'이므로 자산에서 부채를 뺀 자본은 결국 '순수한 내 돈'이므로 찐자산(진정한 자산)을 의미합니다.

　사업초기에는 자본이 사업주(주주)가 투자한 자본금과 동일하지만 순이익으로 사업성과가 쌓이면 순자산, 즉 자본은 점점 늘어나게 됩니다.

만약 창업자금으로 2억 원이 필요할 때, 자기 돈 1억 원에 은행 대출로 2억 원을 빌렸다면 사업초기 재무상태는 다음과 같습니다.

- 자산총계 = 3억 원 (매장시설 + 예금) ← **총자산으로 부채가 포함된 것**
- 부채총계 = 2억 원 (은행 빚)
- 자본총계 = 1억 원 (사업주의 순자산) ← **부채를 제외한 순자산**

이 경우 초기 자본금과 차입금에 대한 분개는 다음과 같습니다.

차변		대변	
계정과목	금 액	계정과목	금 액
보통예금 (자산증가)	300,000,000	자본금(자본증가) 단기차입금(부채증가)	100,000,000 200,000,000

▲ 회계는 사업체의 입장에서 하는 것이므로 사업주의 개인통장에서는 예금이 빠져나갔지만, 사업체의 통장(법인예금 또는 사업자예금)으로는 예금이 증가하는 것입니다.

자본금은 절대 까먹으면 안되는 투자금이다

자본금은 사업을 시작할 때 사업주(법인은 주주)가 사업체에 넣은 돈입니다. 일종의 초기투자금 또는 시드머니$^{seed\ money}$와 같습니다. 법인의 자본금은 발행주식에 액면가를 곱한 것과 같습니다. 하지만 실물 주권을 발행하는 것은 아니므로 이는 개념상의 수치일 뿐입니다.

예를 들어 창업한 법인의 자본금을 1,000만 원, 주당 액면가를 5,000원으로 정했다면 발행주식수는 2,000주가 되는 겁니다. 자본금 액수보다 더 중요한 것은 주주구성입니다. 주주는 결국 그 회사를 소유하는 것이므로 소유자별 지분비율이 이익배당이나 훗날 청산시 재산분배비율이 되기 때문입니다. 따라서 법인을 만들 때는 향후 이익분배와 법인주식의 상속·증여 등을 고려한 장기적인 전략을 수립한 후 주주구성을 신중히 결정해야 합니다. 대부분의 중소사업체의 주주구성은 가족 등 친인척입니다.

법인의 경우 자본금은 등기가 되며 이후 증자나 감자를 하지 않는 한, 변경되지 않습니다. 매년 발생한 순이익은 자본금과 구분하여 이익잉여금으로 들어가게 되며 이를 재원으로 주주에게 배당을 지급하게 됩니다. 즉 상법에 따르면 이익배당은 반드시 (미처분)이익잉여금으로 지급해야만 하므로 회계상으로 자본금과 이익잉여금을 엄격히 구분해야 합니다.

그러나 개인사업체는 사업체의 모든 재산이 사업주 개인의 것이므로 이를 구분할 필요가 없습니다. 따라서 다음에 설명할 잉여금이라는 계정을 굳이 사용하지 않아도 무방하며 매년 발생한 손익이 자본금에서 가감(순이익은 가산, 순손실은 차감)됩니다. 따라서 손익이 발생함에 따라 자본금이 변하며 개인사업체의 이런 특성을 감안하여 아예 자본금 대신 출자금(내돈이라는 뜻으로 이해하면 됩니다)이라는 계정과목을 사용하기도 합니다.

자본잉여금은 주주의 주머니에서 나온 돈이다

자본잉여금은 증자(자본금을 늘리는 것)나 자기주식거래 등 주주와의 지분거래를 통해 주주로부터 추가로 받았거나 얻은 차익을 의미합니다. 예를 들어 사업체가 번창하여 사업확장에 필요한 자금을 조달하기 위해 자본금을 늘린다(증자)고 가정하겠습니다. 액면가는 주당 5,000원이지만 20,000원에 발행한다면 주당 15,000원의 돈이 추가로 들어오는데, 이를 **주식발행초과금**이라고 합니다.

또는 법인이 취득했던 자기회사 주식(흔히 자사주라고 표현합니다)을 취득한 금액보다 비싸게 매각하면 **자기주식처분이익**이 발생하는데 이것도 자본잉여금에 해당합니다. 결국 자본잉여금은 사업활동에서 번 이익이 아니라 주주와의 자본거래를 통해 불어난 순자산입니다.

따라서 이는 사업성과인 이익잉여금과는 성격이 다르며 배당으로 지급할 수 없는 것이므로 자본잉여금으로 표시합니다. 하지만 이런 거래는 개인사업체에서는 아예 없으며 법인이라도 중소사업체의 경우 매우 드문 거래입니다.

회계상식

이익잉여금은 그동안 번 순이익이 쌓인 것이다

이익잉여금은 법인이 사업을 해서 벌어들인 이익 중에서 주주에게 배당하지 않고 회사 안에 쌓아둔 금액으로서 **유보이익**이라고도 표현합니다. 매년 발생한 손익계산서의 당기순이익은 한 해 동안 사업체의 순자산(자본)이 그만큼 증가한 것인데, 회계 프로그램에 의해 자동으로 재무상태표의 미처분이익잉여금으로 흘러들어가 쌓이게 됩니다. 따라서 당기말 미처분이익잉여금에는 당기순이익이 포함된 것입니다.

다만 손익계산기준이 발생주의이다 보니 이익잉여금이 많다고 해서 항상 돈이 많은 것은 아닙니다. 이익잉여금은 그동안의 이익

| 이익잉여금의 행방 |

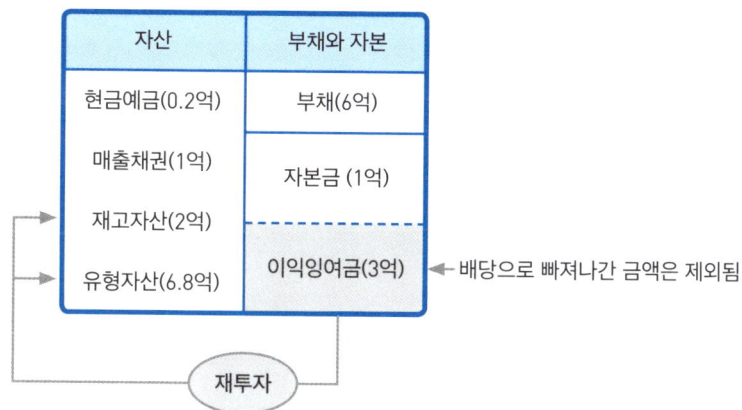

성과를 누적으로 보여주는 지표입니다. 이익잉여금이 많아도 거액의 매출채권과 재고자산이 존재하거나 과거 이익금의 상당부분을 사업자산(장비나 기계 등)에 재투자했다면 보유 중인 현금은 막상 적을 수도 있습니다.

미처분이익잉여금의 일부를 배당으로 지급하면 미처분이익잉여금이 감소하면서 예금자산이 감소하게 되는데, 이렇게 이익잉여금의 처분내용을 보여주는 것이 **이익잉여금처분계산서**입니다. 단, 이익처분은 결산이 끝난 이후 다음 해 초에 진행하는 것이므로 배당지급으로 인한 예금자산의 감소는 회계적으로는 다음 해에 반영됩니다.

이런 이익처분은 법인의 경우만 해당하는 것이며 개인사업자는 아무런 절차와 제약없이 사업주가 이익금을 가져갈 수 있습니다.

| 당기말 미처분이익잉여금 중 1,000만 원을 주주에게 지분비율대로 배당하기로 하고 지급하다 |

차변		대변	
계정과목	금 액	계정과목	금 액
미처분이익잉여금 (자본감소)	10,000,000	보통예금(자산감소) 예수금(부채증가)	8,460,000 1,540,000

개인주주에게 배당금을 지급할 때는 배당금의 14%(지방소득세 1.4%를 포함하면 15.4%)를 원천징수해야 합니다. 이 경우 개인별로 벌어들인 금융소득(이자 + 배당)이 연간 2,000만 원 이하이면 이렇게 원천징수당한 것으로 모든 납세절차가 끝나는데 이를 **분리과세**라고 합니다.

그러나 개인주주별로 그해의 배당소득과 이자소득을 합산한 금액(금융소득)이 2,000만 원(분리과세되는 고배당기업으로부터 받은 배당금은 제외)을 초과하면 종합소득에 합산(**종합과세**라고 함)됩니다. 이 경우 더 높은 세율을 적용함에 따라 추가로 세금을 내야 하고 건강보험료도 그해 11월부터 추가로 고지되므로 이를 충분히 감안해서 배당해야 합니다.

자본 금액이 변하는 이유와 자본잠식

사업의 목적은 사업활동을 통해 순자산, 즉 자본을 불리는 것입니다. 자본이 증가하려면 무엇보다 매년 순이익이 잘 나와야 하며 순이익성과에 따라 자본이 증가하기도 하고 감소하기도 합니다. 상장기업은 유상증자나 자사주 거래를 통해 자본이 변동하기도 하지만 중소사업체의 자본은 오직 순손익에 따라 변동합니다.

순손실이 수년간 지속적으로 발생하면 그동안 어렵게 쌓아온 이익잉여금을 전부 말아먹고 급기야 자본금까지 까먹게 되는데, 이를 **자본잠식**이라고 합니다. 자본잠식 중 최악은 완전자본잠식으로 이는 회사의 손실이 너무 많이 나서 자본이 전부 없어진 상태를 말합니다. 즉 자산과 부채가 같거나 부채가 자산보다 더 많아서 주주 몫의 재산이 아예 없는 상황을 의미합니다. 재무상태표상 자본이 0이거나 마이너스(-)인 기업이 이에 해당합니다.

이와 달리 부분잠식은 자본은 플러스(+)이지만 자본금에 미달하는 기업입니다. 예를 들어 자본금은 3억 원인데 자본이 1억 원이라면 자본금 중 2억 원은 잠식, 즉 까먹은 셈입니다. 부분이든 완전이든 자본잠식은 부실기업의 전형적인 형태이므로 투자나 거래할 때 매우 주의해야 합니다.

아울러 사업체의 입장에서도 자본잠식상태에서는 대출 등 금융지원과 투자를 받기가 어려우므로 자본잠식을 예방하기 위해서 충분한 이익잉여금을 가지고 있어야 합니다.

| 자본잠식의 형태와 의미 |

<완전잠식>	
자본금(출자금)	3억 원
이익잉여금	(4억 원)
자본총계	(1억 원)

자산보다 부채가 1억 원 더 많아서
자본이 아예 없는 상태

<부분잠식>	
자본금(출자금)	3억 원
이익잉여금	(2억 원)
자본총계	1억 원

자산이 부채보다 1억 원 많지만
자본금(3억 원)의
일부(2억 원)가 없어진 상태

▲ 마이너스인 이익잉여금을 결손금이라고 합니다.

법인의 자본과 개인사업자의 자본은 차이가 있다

　자산과 부채는 개인과 법인사업자간에 별 차이가 없지만 자본계정은 차이가 큽니다. 한마디로 개인사업자의 자본은 출자금에 가까우며 수시로 출자금을 늘리거나 줄일 수 있습니다. 이익잉여금을 따로 구분하지 않으니 매년 순이익에 따라 자연스럽게 출자금의 증감이 발생하기도 합니다.

　재무제표상 자본이 어차피 사업주 본인의 것이므로 인출에 아무런 간섭을 받지 않습니다. 빌려가건 가져가건 아무 상관이 없습니다. 잉여금이라는 계정을 사용할 필요도 없으므로 자본관련 회계가 거의 없다고 보면 됩니다. 폐업할 때도 폐업신고만으로 모든 절차가 마무리됩니다.

　그러나 법인은 자본이 법인의 재산이므로 주주가 투자한 자본금과 법인이 번 이익금(이익잉여금)을 회계적으로 철저히 구분해야 합니다. 그리고 이익금은 법인의 것이므로 배당이라는 절차를 통해서 주주가 세금을 내야만 가져갈 수 있습니다. 법인자금을 이자를 주지 않고 빌려가서도 안되며 폐업시에는 청산이라는 다소 복잡한 절차를 거쳐야 하는데, 이때 주주가 당초 투자했던 금액을 초과해서 법인의 재산을 분배받으면 추가로 배당소득세를 내야 합니다.

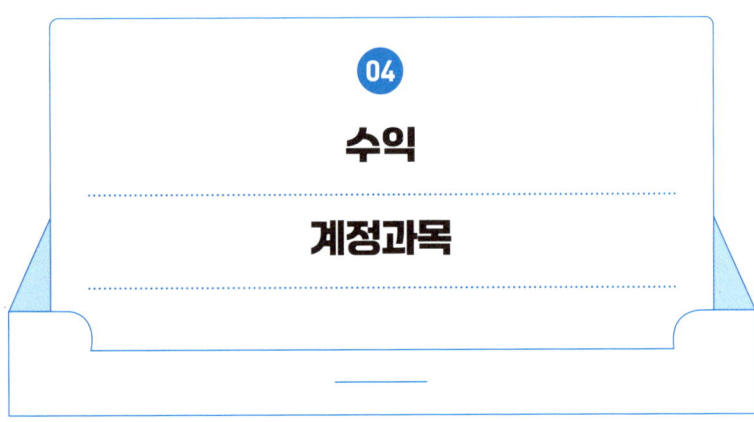

04

수익

계정과목

수익은 사업체에서 가장 중요한 항목입니다. 돈을 벌기 위해서는 일단 팔아야 하기 때문입니다. 매출이 충분하지 못하면 그에 따라 이익도 기대하기 어렵습니다. 사업체의 주된 사업활동에 따른 수익을 매출액이라고 표현하는데 이는 해당 사업체의 목적사업을 통해 벌어들인 것으로 **영업수익**을 의미합니다. 제조업의 제품공급액과 유통업의 상품공급액, 부동산임대업의 임대료 등이 매출액에 해당합니다.

하지만 이런 주된 사업수익 이외에 투자활동 등으로도 돈을 벌 수 있는데, 이를 **영업외수익**이라고 합니다.

영업수익 ← 매출액(주된 영업활동으로 번 금액)

영업외수익 ← 이자수익, 배당금수익, 자산처분이익 등(투자활동으로 번 금액)

매출수익에 부가가치세는 포함되지 않는다

수익은 번 돈을 의미합니다. 매출수익은 상품을 팔거나 서비스를 제공하면 발생합니다. 현금매출이 아니라면 매출시점에서 돈을 벌었다기보다는 수익이 발생하면서 앞으로 들어올 돈이 확정된 셈입니다. 그런데 이렇게 손익계산을 발생기준으로 하다보니 수익이 잡히는 매출시점과 현금이 들어오는 시점간에 시차가 생기게 됩니다.

매출수익, 즉 매출액은 사업체의 가장 기본적이고 핵심적인 수익으로 '본업인 영업활동으로 얻은 수익'을 뜻합니다.

하지만 매출의 상당금액은 비용으로 다시 나가게 됩니다. 더구나 부가가치세를 별도로 받지 않는 사업체에서는 10%가 세금(부가가치세)으로 나가버립니다. 예를 들어 치킨집에서 한 달 동안 치킨 1,000마리를 팔아 2,200만 원의 매출을 올렸다고 가정해보겠습니다. 판 금액 중 부가가치세 200만 원을 제외한 2,000만 원이 매출수익입니다.

그러므로 이런 경우 매출을 잡을 때 세금계산서나 신용카드매출전표에 찍힌 공급가액에 해당하는 금액이 매출액이며 부가가치세 금액은 내야 할 돈이므로 부채(부가가치세예수금)로 처리해야 합니다.

신용카드매출액이 다음과 같이 237,000원인 경우 일반과세자와 간이과세자로 나누어서 각각 매출수익과 부가가치세 납부시 회계처리를 살펴보겠습니다.

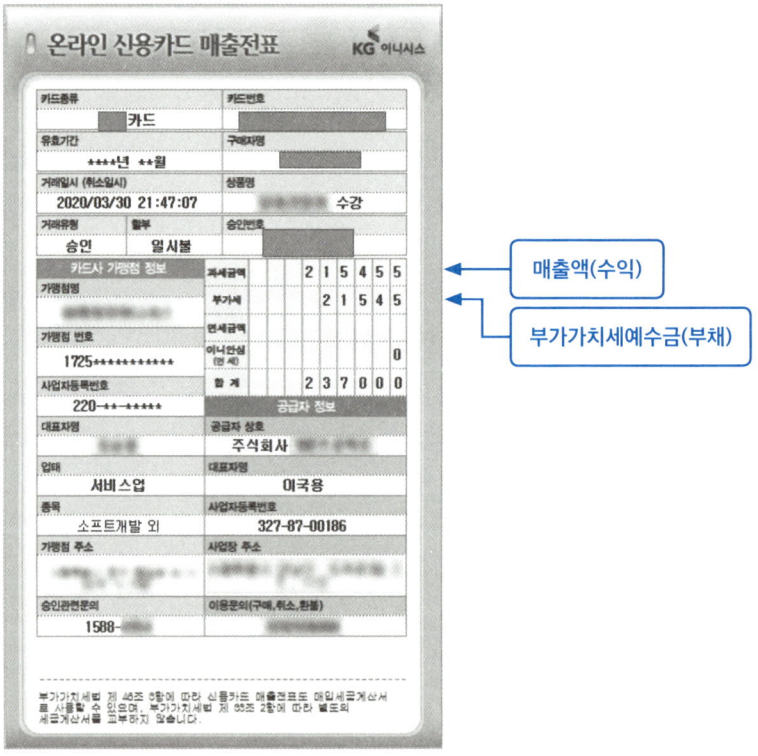

회계상식

차변		대변	
계정과목	금 액	계정과목	금 액
보통예금 (자산증가)	237,000	매출액(수익발생) 부가가치세예수금 (부채증가)	215,455 21,545

이후 부가가치세를 납부할 때는 예정납부시(4월 25일과 10월 25일)에는 부가가치세예수금에서 차감하고, 확정신고납부시(7월 25일과 1월 25일)에는 과세기간종료일(1기는 6월말, 2기는 12월말) 현재 남아 있는 부가가치세예수금(매출세액)과 부가가치세대급금(매입세액)을 상계처리하고 그 차액을 납부하면 됩니다.

1기 예정(고지)납부 - 200만 원으로 가정

차변		대변	
계정과목	금 액	계정과목	금 액
부가가치예수금	2,000,000	보통예금	2,000,000

1기 확정신고납부 - 1기의 부가세예수금 450만 원 중 미납부잔액은 250만 원이며 부가세대급금은 150만 원으로 가정

차변		대변	
계정과목	금 액	계정과목	금 액
부가가치예수금	2,500,000	부가가치세대급금 보통예금	1,500,000 1,000,000

▲ (1기) 매출세액(450만 원) - 매입세액(150만 원) = 총납부세액(300만 원)

▲ 결산시 부가세예수금과 부가세대급금을 상계한 순액을 부채 또는 자산으로 표시해야 하므로 12월 31일에 (차)부가세예수금 150만 원 (대) 부가세대급금 150만 원으로 분개하면 부가세예수금의 대변잔액은 100만 원이 남게 되는데, 이는 다음해 1월 25일 신고납부시 소멸하게 됩니다.

개인사업자 중 일반과세자와 소규모법인(직전기의 매출액이 1.5억 원 미만인 법인)은 위와 같이 예정신고를 하지 않고 고지받아 납부하지만 일반 법인은 매 분기별로 1년에 4번 부가가치세를 신고하고 납부하므로 매 분기말 현재 부가가치세예수금과 대급금을 상계하여 납부합니다.

한편, 개인사업자로서 연간 매출액이 1억 400만 원 미만인 간이과세자는 별도로 정해진 기준(매출액 × 10% × 업종별부가가치율)에 따라 부가가치세를 내게 됩니다. 이런 경우에는 부가가치세를 구분하지 않고 전액을 매출로 잡고, 이후 부가가치세로 낸 금액을 세금과공과로 비용처리하면 됩니다.

| 간이과세자인 경우 |

차변		대변	
계정과목	금 액	계정과목	금 액
보통예금	237,000	매출액	237,000

이후 부가가치세 납부시에는 납부세액(75만 원으로 가정)을 세금과공과로 비용처리하면 됩니다.

회계상식

차변		대변	
계정과목	금 액	계정과목	금 액
세금과공과	750,000	보통예금	750,000

📊 세무 TIP

개인사업자 중 간이과세자는 부가가치세예수금과 대급금을 정산하여 납부하는 것이 아니므로 부가가치세예수금(대급금) 계정을 사용할 필요가 없습니다.

영업외수익은 투자활동으로 번 것이다

매출수익이 영업수익이라면 영업외수익은 '본업인 영업활동말고 다른 곳에서 얻은 수익'으로서 주로 투자활동에 따라 얻은 수익을 의미합니다. 대기업과 달리 중소사업체는 투자자산이 거의 없어서 영업외수익이 별로 많지 않은데 흔하게 발생하는 대표적인 유형은 다음과 같습니다. 영업외수익은 대변에 수익이 발생하고 그만큼 차변에 자산(보통예금)이 증가하는 형태로 분개됩니다.

● 이자수익

은행예금이나 채권투자 및 대여금에서 발생한 이자

● 배당금수익

다른 회사 주식에 투자해서 받은 현금배당금

**| 법인에서 투자 중인 예금 1억 원의 이자 500만 원과
주식에 대한 배당금 1,000만 원을 수령하다 |**

차변		대변	
계정과목	금 액	계정과목	금 액
보통예금 선급법인세 (자산증가)	14,230,000 770,000	이자수익 배당금수익 (수익발생)	5,000,000 10,000,000

금융소득(이자소득+배당소득)을 지급받는 자가 개인일 경우에는 모두 원천징수대상이
지만 법인일 경우에는 이자소득만 원천징수합니다. 즉, 법인이 받는 배당금은 원천징
수대상이 아니므로 선급법인세는 이자소득 500만 원의 15.4%에 해당하는 77만 원
만 발생합니다.

개인사업체의 금융소득은 종합소득에는 해당하지만 사업소득에는 포함되지 않으므
로 개인사업체라면 이자와 배당금에 대해 회계처리할 필요는 없습니다(포함시켰다면
소득세신고시 사업소득에서 제외시켜야 함). 단, 연간 금융소득이 2,000만 원(분리과세되는 고
배당기업으로부터 받은 배당금은 제외)을 초과할 경우에는 종합소득 신고시 각각 이자와 배
당소득으로 종합소득에 포함시켜야 합니다.

● 임대료

소유하고 있는 부동산을 임대하고 받은 월세, 단 부동산임대

회계상식

가 주업이거나 법인 정관의 사업목적에 포함된 경우에는 임대료를 매출액에 포함시켜야 합니다.

● 유형자산처분이익

사용 중인 유형자산을 매각하는 경우 장부가액(취득금액에서 감가상각누계액을 뺀 금액)을 초과해서 받은 금액

수익계정의 회계 및 세무리스크 사례와 대비법

회계장부는 단지 세무신고만을 위해서 만드는 것이 아니며 사업성과를 드러내는 성적표입니다. 하루 매출이 얼마인지, 어떤 비용이 가장 많이 나가는지, 거래처로부터 받을 돈은 얼마나 있으며 재고는 얼마나 쌓여 있는지… 이 모든 걸 알기 위해서는 반드시 장부가 필요합니다.

그리고 장부를 보고 사업의 문제점을 진단하고 개선해야 합니다. 그럼에도 불구하고 회계사무실을 통해 위탁기장하는 사업체의 대표나 사업주는 대부분 장부를 보지 않습니다. 하지만 사업자에게 장부는 한낱 종이쪼가리가 아니라 생존에 필요한 도구입니다.

수익계정은 사업체의 순이익을 결정하는 직접적인 항목이므로

세무와 관련해서도 매우 중요합니다. 수익을 누락하거나 부채로 잘못 분류했다가 적발되면 가산세 폭탄 등 큰 세무리스크가 발생합니다.

특히 현금매출을 누락하는 경우가 많은데, 현금매출비중이 높은 사업체는 국세청에서 매입자료 및 사업경비의 지출규모를 통해 간접적으로 매출을 추정하므로 주의해야 합니다.

예를 들어 계속사업자의 1년간 매입금액은 4,000만 원인데, 매출이 3,000만 원에 불과하다면 팔지못한 재고가 급증하지 않은 이상, 매출누락을 의심할 수밖에 없습니다. 이 경우 매출금액과 매입금액의 차액을 매출금액으로 나눈 것을 **부가가치율**이라고 합니다. 이 비율이 동일업종의 평균치 또는 과거에 비해 지나치게 낮거나 음수일 경우에는 매출누락을 의심받을 수 있으므로 부가율 수준이 적정한지를 매년 체크하고 관리해야 합니다. 반대로 성과를 부풀리기 위해 허위매출을 잡을 경우에는 그로 인해 세금부담이 커지게 됩니다.

따라서 회계는 변칙을 쓰지 않고 있는 사실에 근거해서 숫자는 정확하게, 계정과목은 공정하게 처리하는 것이 세무리스크를 예방하는 가장 좋은 방법입니다.

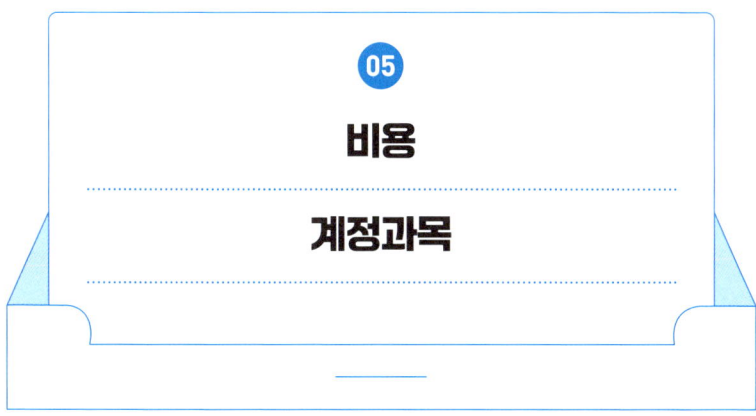

05

비용

계정과목

매출액의 대부분은 비용으로 다시 빠져가는데, 사업활동에 관련된 비용은 매출원가와 판매관리비가 있습니다. **매출원가**는 직접비에 해당하는 비용으로서 치킨집의 경우 닭, 튀김용기름 등 원재료 매입비용이 이에 해당합니다. 그리고 가맹점수수료, 배달앱수수료, 카드수수료, 임차료, 인건비 등이 추가로 발생하는 데 이런 간접비를 **판매비와관리비**라고 합니다.

비용을 매출원가와 판매관리비로 구분하는 것이 원칙이지만 서비스업처럼 재고자산이 없는 사업체는 매출원가를 따로 표시하지 않습니다. 재고자산이 있더라도 금액이 적을 경우에는 편의를 위해 모든 비용을 판매관리비에 넣는 것이 일반적입니다. 어차피 모두 다 비용으로서 순이익을 계산하는데는 큰 차이가 없기 때문입니다.

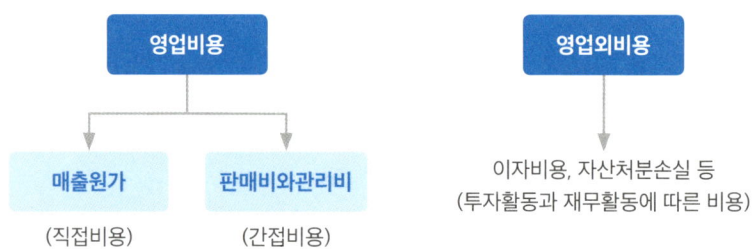

| 비용의 세 가지 유형 |

영업비용

영업외비용

매출원가
(직접비용)

판매비와관리비
(간접비용)

이자비용, 자산처분손실 등
(투자활동과 재무활동에 따른 비용)

매출원가는 1차 원가이자 직접원가이다

매출원가는 표현 그대로 팔린 물건의 원가입니다. 재고자산은 판매하기 위해 갖고 있는 자산으로서 매입 또는 제조를 통해 취득합니다. 전자에 들어간 금액을 **매입원가**, 후자에 들어간 금액을 **제조원가**라고 합니다.

매입원가든 제조원가든 자산취득을 위해서 지출이 발생한 것이므로 취득시에는 자산(원재료·상품·제품)으로 처리합니다. 만약 판매되지 않고 매장이나 창고에 계속 재고로 남아 있을 때는 그대로 자산으로 두게 됩니다. 매출이 없으니 그에 관련된 직접적인 비용(매출원가)도 없는 것입니다.

이미 돈을 지출했지만 팔리지 않았으니 비용은 발생하지 않은 것인데, 이 또한 손익계산을 발생주의로 하기 때문입니다. 하지만 팔리면서 매출이 찍힌 만큼은 자산에서 비용(매출원가)으로 바뀌어

회계상식

야 합니다.

이 경우 매출할 때마다 매출원가를 건건이 확인하는 것은 불가능합니다. 왜냐하면 동일한 재고라도 매입 또는 제조시점마다 원가가 다르기 때문입니다. 슈퍼마켓에서 소비자가 집어든 주방용세제가 지난달에는 3,000원에 들어왔지만 이번 달에는 가격이 인상돼 4,000원에 들어온 것이라면 그중 어떤 것인지를 확인하는 것이 불필요하고 번거로울 뿐입니다. 그래서 매출시에는 원가를 일일이 확인하지 않고 결산할 때 1년동안 팔아치운 재고자산의 원가, 즉 매출원가를 한꺼번에 잡게 됩니다. 방법은 간단합니다.

품목별 전체 재고자산원가 중에서 기말 현재 미판매된 재고(이를 확인하는 절차를 재고조사 또는 재고평가라고 합니다)금액을 빼면 그 금액이 매출원가가 됩니다. 즉, 매출원가는 총재고(기초재고 + 당기매입재고)금액에서 기말재고 금액을 빼면 됩니다. 기초재고와 매입재고는 매입할 때마다 이미 자산으로 회계처리했으므로 장부에서 확인됩니다.

예를 들어 슈퍼마켓에서 기존재고자산(이월재고)과 1년간 매입액을 더한 금액이 5억 원인데, 재고조사 결과 기말에 미판매된 재고가 1억 원이라면 당기의 매출원가는 4억 원이 되는 겁니다. 매출원가는 사업체의 비용 중 거의 대부분을 차지하는 비용이므로 매우 중요합니다. 매출이 아무리 많아도 매출원가 비중이 너무 높으면 이익을 내기가 어렵습니다.

또한 기말재고자산의 평가결과에 따라 매출원가가 달라지고 손익금액도 달라지므로 기말재고를 정확하게 평가하는 것이 매우 중요합니다.

| 재고자산이 비용으로 바뀌는 과정 |

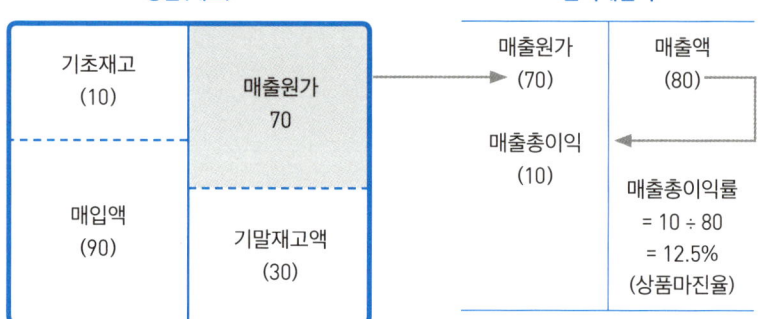

▲ 매출원가 = 기초재고액(10) + 당기매입액(90) - 기말재고액(30) = 70
▲ 매출총이익 = 매출액(80) - 매출원가(70) = 10

판매비와관리비는
2차 원가이자 간접비이다

매출원가가 매출을 위해 발생하는 직접비라면 판매비와관리비는 간접비에 해당합니다. 직접적인 물건값 이외에 사업체를 운영하기 위해 들어간 모든 비용이 이에 해당합니다.

이러한 판매비와관리비는 매출액과 직접적인 관련성은 없지만 영업을 위해 사용된 비용이므로 영업이익을 계산할 때 추가로 차감하게 됩니다. 이 경우 매출을 발생기준으로 인식했기 때문에 판매비와관리비도 신용카드 결제일 기준이 아닌 발생기준(현금지출액과는 약간 다를 수 있는데, 예를 들면 법인카드사용액 중 기말 현재 미결제된 금액도 비용은 이미 발생한 것이므로 당기비용에 포함시켜야 한다)으로 인식해야 합니다.

판매비와관리비에 속하는 주요 계정과목은 다음과 같습니다. 지출내용별로 계정과목만 다를 뿐, 모두 <(차) ○○비용 (대) 자산감소 또는 부채증가>로 분개됩니다.

● **급여**

생산(건설)현장이 아닌 판매(매장이나 영업점) 및 관리부서(본사)에서 근무하는 임직원에 대한 급여지급액을 의미합니다. 생산(건설)현장에서 근무하는 근로자의 인건비는 제조원가(노무비)로서 제품원가에 포함된 후 매출원가로 처리됩니다.

● **퇴직급여**

근로자가 퇴사를 할 경우 지급한 퇴직금 또는 확정기여(DC)형 퇴직연금에 가입한 근로자에게 매년 지급한 퇴직연금부담금을 처리하는 계정입니다. 법인대표에게는 지급이 가능하지만 개인사업체의 사업주(대표)는 근로자가 아니므로 퇴직금 지급 대상에서 제외되므로 처리할 수 없습니다.

● 복리후생비

급여 이외에 근로자의 복지후생을 위해 지출한 것입니다. 주로 회식비나 점심식사 제공, 명절선물(1인당 연간 10만 원 이내)이나 경조비 등이 포함됩니다. 1인 법인의 경우 대표자도 급여를 받는 근로자이지만 본인을 위한 복리후생비는 세무상 인정되지 않으므로 주의해야 합니다.

● 임차료

건물이나 장비, 차량을 임차하거나 리스로 사용하는 경우 지급한 금액입니다.

● 광고선전비

상품이나 제품의 광고선전이나 사업체홍보를 위한 전단지 제작비용 등을 말합니다.

● 차량유지비

법인이나 사업자 소유의 차량을 유지하는데 사용한 유류비용, 수선비용 등을 의미합니다. 차량관련비용 중 자동차세는 세금과공과로, 자동차보험료는 보험료라는 과목으로 처리하면 됩니다.

● 기업업무추진비

사업과 관련하여 특히 영업을 위해 접대, 교제, 사례 등의 명목으로 거래처나 고객에게 지출한 금액을 말합니다. 거래처에 지급한 경조금(건당 20만 원 이하이어야 함)은 그 특성상 지출증빙이 없어도(단, 청첩장이나 부고장 등 기초증빙은 있어야 함) 세무상 비용처리가 가능합니다.

| 거래처 박사장의 아들 결혼식에 참석해서 축의금 20만 원을 전달하다.
별도로 화환 8만 원을 주문하고 신용카드로 결제하다. |

차변		대변	
계정과목	금　액	계정과목	금　액
기업업무추진비 (비용발생)	280,000	보통예금(자산감소) 미지급금(부채증가)	200,000 80,000

세무 TIP

① 기업업무추진비는 그 성격상 사업과 무관하게 사적으로 사용될 여지가 많으므로 세법에서는 한도를 정해 규제합니다. 모든 법인과 개인사업자는 세법에 정해진 한도금액 <연간 3,600만 원(중소기업이 아닌 경우에는 1,200만 원) + (매출액 × 0.3%)>을 업무추진비로 사용할 수 있습니다. 따라서 한도금액을 초과해서 사용한 금액은 세무상 경비로 인정하지 않으므로 세무조정을 해야 하는 번거로움이 따릅니다.

② 업무추진비로 사용한 금액이 건당 3만 원을 초과할 경우에는 반드시 신용카드전표 등 법정증빙(만약 법정증빙이 아닌 일반영수증이라면 경비로 인정하지 않음)을 받아야 합니다. 이 경우 업무추진비에 관련된 부가가치세는 공제가 불가능하므로 부가세를

포함한 지출액 전액을 업무추진비로 처리해야 합니다.

③ 화환대금과 별도로 현금으로 지출하는 경조금(축의금·부의금)은 성격상 증빙을 받기 어려우므로 건당 20만 원까지(20만 원을 초과하면 전액을 경비로 인정하지 않음)는 증빙이 없어도 경비로 인정해줍니다. 단, 이 경우에도 자체적으로 경조비대장을 작성해서 구체적인 날짜와 장소, 지급상대방, 금액을 기재하고 관련 기초증빙(청첩장, 부고장 등)을 보관해두는 것이 안전합니다.

● 소모품비(또는 사무용품비)

복사지나 사무용품 등 1년 이내에 소모될 것들과 100만 원 미만인 저가의 비품을 구입하는데 사용한 지출액을 말합니다.

● 보험료

재난에 대한 위험보장을 위해서 사업용자산(차량, 건물, 재고자산 등)에 대해 손해보험에 가입하고 지출한 보험료를 말합니다.

● 지급수수료

제품을 위탁판매하거나 중개인 또는 대리점 등을 통해 판매하는 경우 판매알선의 대가로 지급한 금액이나 위탁기장수수료와 세무조정보수 등 각종 서비스에 대한 수수료비용을 처리하는 과목입니다.

● 세금과공과

재산세와 자동차세 등 정부에 납부하는 각종 세금 및 상공회

의소회비나 조합·협회비, 국민연금보험료의 법인부담금 등 각종 부담금을 말합니다. 단, 법인세에 따라 붙는 지방소득세는 법인세비용 등에 포함되므로 여기에는 포함되지 않습니다. 한편, 범칙금, 과태료, 가산금, 가산세 등 법을 위반해서 내는 페널티 성격의 공과금은 세법에서 경비로 인정하지 않으므로 포함시키지 않는것이 편합니다(비용으로 처리하면 세무조정을 해서 다시 빼야함).

● **잡비**

사무실에서 구입한 차나 음료수 구입비용 소소한 금액을 처리하는 계정입니다.

이 외에도 교육훈련비, 무형자산상각비, 통신비, 수도광열비, 수선유지비, 포장비, 운반비 등 다양한 판매비와관리비 계정이 있습니다.

🔖 **세무 TIP**

모든 비용에 대해서는 지출증빙을 받아야 하는데, 건당 3만원을 초과하는 경우에는 반드시 법정증빙(세금계산서·계산서·신용카드전표·(지출증빙용)현금영수증)을 받아야 합니다. 만약 증빙없이 비용처리한 것이 드러나면 추가세금은 물론 가산세까지 내야 하며, 법인의 경우에는 관련 비용금액을 대표자가 가져간 것으로 간주해서 대표자에게 근로소득세를 추가로 과세합니다.

감가상각비를
매년 비용으로 넣는 이유가 뭘까?

감가상각비는 유형자산의 취득금액을 사용기간에 걸쳐 매년 나누어 비용으로 넣는 것입니다. 감가상각비는 회계적으로 발생주의에 따라 손익계산을 하기 위함입니다. 즉, 유형자산은 장기간 사업활동에 사용하기 위해서 산 것이므로 취득한 해에 한꺼번에 비용으로 처리하기보다는 사용기간 동안 나누어서 비용으로 처리하는 것이 보다 합리적입니다.

이에 따라 해마다 사용한 만큼을 비용으로 반영하는 것입니다. 다만, 매년 사용량을 정확히 계산하기 어렵기 때문에 사용이 가능한 기간(내용연수)을 정해놓고 그 기간에 걸쳐서 나누어 넣는 것입니다.

재무적으로는 투자자가 이미 지출한 돈을 이익으로 회수하기 위해서라도 감가상각비를 반드시 비용으로 처리해야 합니다.

예를 들어 사업초기에 인테리어와 장비구입비로 2억 원을 사용한 경우, 사용기간을 5년으로 정하면 매년 4,000만 원의 감가상각비가 발생합니다.

만약 감가상각비를 비용에 포함시키지 않고 이익이 5,000만 원이 발생했다면 실제 이익은 1,000만 원인 셈입니다. 왜냐하면 5,000만 원 중 4,000만 원은 사업체가 과거에 지출했던 시설투자금을 회수한 것에 불과하기 때문입니다. 즉 벌어도 번게 아닌 셈입니다. 이렇게 감가상각비를 고려하지 않으면 사실상 이익이 아닌데도 마치 번 것으로 착각하게 됩니다.

| 벌어도 번게 아닌 이유는? |

(감가상각비를 무시한 손익계산)		(감가상각비를 고려한 손익계산)	
매출액	100	매출액	100
(-) 매출원가	70	(-) 매출원가	70
(-) 판매관리비	20	(-) 판매관리비	20
		(-) 감가상각비	10
영업이익	10	영업이익	0

시설투자액 50 ← 사용기간 5년에 걸쳐 회수해야 할 투자금

10	10	10	10	10

↑
감가상각비는 회수해야 할 돈이므로 매년 이익에서 그만큼을 빼는 것

영업이익과 EBITDA의 차이점

매출액에서 매출원가 및 판매관리비를 모두 차감하면 **영업이익**이 나옵니다. 영업이익은 사업체의 영업성과를 보여주는 핵심지표로서 사업체의 수익성을 평가하는 기준이 됩니다.

다만, 발생기준이다보니 사업체의 현금창출력을 직접 나타내지는 못합니다. 특히 감가상각비와 무형자산상각비가 비용으로 차감되는데, 이는 당기에 지출된 비용이 아닙니다. 단지 발생기준에 따라 이익성과를 계산하기 위해 과거에 유·무형자산 취득을 위해 지출했던 금액을 이후 사용기간에 걸쳐 매년 비용에 포함시킨 것입니다.

하지만 투자자 특히 은행과 같은 채권자의 입장에서는 원리금 회수와 관련해서 현금기준으로 번 돈을 따져볼 필요가 있으므로 감가상각비 등을 무시하고 영업이익을 계산하기도 하는데, 이를 **상각전영업이익** 또는 **EBITDA(에비타)**라고 합니다.

따라서 EBITDA는 영업이익에 감가상각비와 무형자산상각비를 다시 더해 계산하며 현금기준의 영업이익이라고 이해하면 됩니다. 예를 들어 영업이익이 2,000만 원인데 비용으로 차감된 감가상각비가 3,000만 원이라면 사실상 현금기준으로는 당기에 5,000만 원을 번 것입니다.

사업체를 인수하는 의사결정을 할 때도 인수가액을 추정 EBITDA로 나누면 투자금의 회수기간이 나오는데, 사례처럼 연간 EBITDA가 5,000만 원인 사업체를 5억 원에 인수한다면 투자금을 회수하는 데 10년이 걸린다는 뜻입니다. 이 경우 영업이익 대신 EBITDA를 사용하는 이유는 분자의 투자금에 유형자산이 이미 포함되어 있기 때문입니다.

회계상식

영업외비용의 대부분은
이자비용과 투자손실이다

영업외비용은 '본업인 영업활동과 무관하게 지출된 비용'을 말합니다. 주로 재무활동에 따라 생기는 이자비용과 투자활동에 따른 손실입니다.

대표적인 유형은 다음과 같은데, 중소사업체에서 가장 흔하게 발생하는 것은 이자비용입니다.

영업이익에다 영업외수익을 더하고 영업외비용을 차감한 것이 **세전순이익**입니다. 중소사업체의 대부분은 이자비용이 많기 때문에 영업이익에 비해 세전순이익이 많이 줄어듭니다.

세전순이익은 사업체에서 달성한 총성과이므로 세금(소득세와 법인세)을 매기는 기준이기도 합니다. 물론 손익항목 중에서 세법에서 인정하지 않는 금액이 있다면 이를 가감해야 하지만 미리 세법기준에 맞춰 세법에서 인정하지 않는 항목을 아예 포함시키지 않았다면 세전순이익을 그대로 과세표준으로 봐도 무방합니다.

영업외비용도 판매관리비처럼 지출내용별로 계정과목만 다를 뿐, 모두 〈(차) ○○비용 (대) 자산감소 또는 부채증가〉로 분개됩니다.

| 영업이익·세전순이익·당기순이익의 차이 |

영업이익	50	← 사업활동 성과
영업외수익	10	← 투자이익
(-) 영업외비용	40	← 투자손실 및 자금조달(재무)비용
세전순이익	20	← 총성과(과세표준=세전순이익(+-)세무조정금액)
(-) 법인세비용 등	2	← 당기분 법인세(일부는 미지급상태임)
당기순이익	18	← 주주몫의 이익으로서 미처분이익잉여금으로 들어감

▲ 개인사업체는 세전순이익까지만 표시합니다.

● 이자비용

은행으로부터 빌린 차입금에 대해 지급한 이자지급액을 말합니다. 차입금의 이자는 전액 경비로 인정하지만 법인의 경우 업무무관자산(비업무용부동산 및 대표자 등 특수관계인에 대한 가지급금)이 있는 경우 해당 금액에 대한 이자상당액을 경비로 인정하지 않습니다.

● 기부금

영업활동과 관련없이 공익을 목적으로 정부나 각종 기부금단체에 무상으로 제공한 금품을 말합니다. 공익성 단체가 아닌 사적단체(종친회, 향우회, 동창회 등)에 대한 기부금은 세법에서 경비로 인정하지 않습니다.

회계상식

● 유형자산처분손실

유형자산을 매각한 경우 장부가액(취득원가에서 감가상각누계액을 뺀 것)보다 싸게 팔아서 생긴 손실입니다.

● 잡손실

회계결과 단수차이 등의 이유로 보통예금의 통장잔고가 장부상 잔액과 안맞는 경우 통장잔고 금액이 모자라면 잡손실, 남으면 잡이익으로 처리합니다. 단, 이 계정은 차액의 이유를 구체적으로 밝히는 것이 아니므로 큰 금액을 처리하면 안됩니다.

법인은 법인세비용을 빼야 최종 당기순이익이 나온다

손익계산서의 '법인세비용 등'이란 법인세법에 따라 납부해야 할 법인세와 이에 부가되는 세액(지방소득세와 농어촌특별세 등)을 말하며 과거 회계연도와 관련된 법인세 추납액 또는 환급액도 이에 포함됩니다. 세전순이익에서 법인세비용 등을 차감한 것이 당기순이익입니다. 단, 개인사업자는 본인이 소득세를 내는 것이므로 손익계산서에는 소득세 차감전순이익까지만 표시합니다.

| 관할 세무서에 경정청구한 법인세 300만 원이 환급됐으며 당기분 법인세는 500만 원이며 선급법인세는 100만 원이다 |

차변		대변	
계정과목	금 액	계정과목	금 액
보통예금 법인세비용	3,000,000 5,000,000	법인세비용 선급법인세 미지급법인세	3,000,000 1,000,000 4,000,000

● 손익계산서상 법인세비용은 200만 원으로 표시되고 재무상태표에는 미지급법인세가 400만 원으로 표시됩니다.

비용계정의 회계 및 세무리스크 사례와 대비법

회계는 기업의 '건강상태'를 체크하고 관리하는 중요한 역할을 합니다. 하지만 반복되는 업무속에서 또는 회계에 익숙하지 않아 생기는 실수들이 의외로 많습니다. 비용계정은 특히 세무리스크와 매우 높은 관련성이 있으므로 작은 실수가 큰 문제로 이어지기 전에 미리 예방하는 것이 중요합니다.

사업체가 지출하는 모든 비용은 사업과 관련된 지출이어야 하며 관련 증빙이 있어야 합니다. 따라서 지출한 사실은 있지만 적절한 증빙이 없다면 처음부터 비용처리가 불가능합니다. 그럼에도 불구하고 비용처리한 경우에는 이를 가짜비용이라는 뜻으로 **가공경**

비라고 표현합니다. 하지만 이는 명백한 탈세에 해당하므로 세무상 큰 문제가 될 수 있습니다.

그러므로 비용과 관련해서는 첫째, 모든 비용을 지출할 때는 세금계산서 등 지출증빙을 꼭 받아야 합니다. 받아서 분실해서도 안됩니다. 따라서 인건비 등 원천징수대상인 것을 제외한 모든 비용을 법인카드(사업자카드)로 지출하는 것이 가장 좋은 방법입니다. 카드사용액은 반드시 지출증빙이 남기 때문입니다.

둘째, 계정과목을 올바르게 사용해야 합니다. 다같은 비용이라고 쉽게 생각하면 안됩니다. 서로 비슷해 보이는 비용이라도 계정과목을 잘못 분류하면 재무제표가 왜곡되고 세무상 불이익이 발생할 수 있습니다.

특히 복리후생비는 부가가치세가 공제되지만 업무추진비는 공제가 불가능하므로 엄격하게 구분해야 합니다. 불특정다수를 대상으로 하는 광고선전비는 무제한 지출이 가능하지만 특정거래처를 대상으로 지출한 업무추진비는 세무상 지출한도가 정해져 있으므로 엄격히 구분해야 합니다. 이를 위해서는 계정과목 분류 기준표를 만들어 두거나 애매한 경우 인터넷이나 거래하는 세무사 등 전문가에게 확인을 한 후 처리하는 것이 바람직합니다.

셋째, 감가상각비는 매년 정해진 금액을 넣는 것이 좋습니다. 감가상각을 하지 않거나 적게 넣으면 비용이 적어져서 세금부담이 증가할 수 있으며, 반대로 감가상각비를 많이 넣으면 세무상 인정받지도 못하면서 이익은 적어집니다. 따라서 매년 정해진 금액대로 상각하는 것이 제일 무난합니다.

넷째, 매출·매입시점에 맞춰 제때에 회계처리해야 합니다. 매출을 판매일이나 용역제공일을 기준으로 처리해야 함에도 불구하고 입금일을 기준으로 잘못 처리하는 경우가 있습니다. 매출이든 매입이든 세금계산서나 신용카드전표에 찍힌 날짜에 맞춰 회계(자료 입력)를 하면 됩니다. 특히 12월의 거래는 잘못하면 다음 해의 수익·비용으로 들어갈 수 있으므로 유의해야 합니다.

마지막으로 수익·비용을 누락하거나 이중으로 입력되지 않도록 해야 합니다. 거래 발생 즉시 입력하거나 매일 또는 주간 단위로 누락여부를 점검해야 합니다. 아울러 전체적으로 부가가치세와 법인세 등의 세무신고자료와 회계장부가 일치하는지 확인해야 합니다. 장부와 신고금액이 차이나면 국세청으로부터 매출누락이나 가공의 매입자료를 의심받을 수 있기 때문입니다.

사업체의 주요활동별
회계흐름은 매달 반복된다

사업체에서는 동일한 거래가 계속 반복적으로 발생합니다. 동일한 거래가 반복된다는 것은 같은 형태의 회계처리가 반복된다는 것을 의미하므로 회계 프로그램을 사용할 경우 일일이 입력할 필요 없이 복사기능을 사용하면 매우 편하게 입력할 수 있습니다.

　분개를 복사해서 특정한 날짜에 붙인 후 거래금액만 수정하면 되기 때문에 매우 편리합니다. 따라서 사업체의 대표적인 거래유형별로 분개(입력)의 틀을 익혀둘 필요가 있습니다.

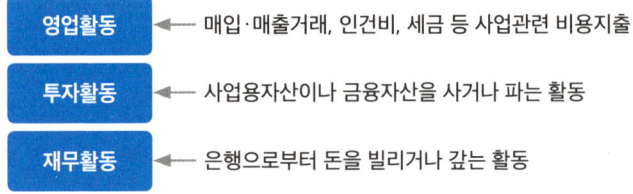

| 기업의 3대 활동과 돈의 흐름 |

영업활동 ◀— 매입·매출거래, 인건비, 세금 등 사업관련 비용지출

투자활동 ◀— 사업용자산이나 금융자산을 사거나 파는 활동

재무활동 ◀— 은행으로부터 돈을 빌리거나 갚는 활동

　사업의 본질이 영업이기 때문에 가장 흔한 거래가 영업활동에 따른 거래로서 **매입 및 매출거래**입니다. 여기서 말하는 매입이란 팔기위한 재고자산을 매입하는 것만을 의미하는 것이 아니라 사업을 위한 각종 서비스(용역)의 매입도 매입활동에 포함됩니다. 한마디로 외부에다 돈을 지출하는 것이 모두 매입거래입니다.

　광고비지출, 차량유지비지출, 소모품구입, 임차료지급, 수수료지급 등 무수히 많은 종류의 매입거래가 있습니다. 이런 모든 매입과 매출거래에는 부가가치세가 붙습니다. 따라서 인건비지급, 보험

　　　　　　　　　　　　　　　　　회계상식

료지급, 이자비용지급처럼 부가가치세가 붙지 않는 비용을 빼고는 모두 다 매입거래라고 생각하면 됩니다.

다만, 다같은 매입거래이지만 여기서는 재고자산매입과 일반비용지출거래를 구분해서 예를 들고 설명하겠습니다.

두 번째는 **인건비 지급거래**입니다. 매월 정해진 일자에 급여가 반복적으로 지급됩니다. 단, 인건비 중 퇴직금과 일용근로자(알바)의 급여는 부정기적으로 지급될 수 있습니다. 인건비를 지급하는 경우에는 원천징수(소득세와 공적보험료)를 해야 하며 다음달 10일에는 이체·납부되는 금액에 대해 회계처리해야 합니다.

세 번째는 **일반비용 지출거래**입니다. 앞서 예를 든 것외에도 전력비·통신비·가스수도비·리스료·세금과공과·수선비·기업업무추진비·운송비·인적용역비·판매촉진비 등 다양한 형태의 비용이 발생합니다. 비용의 명칭, 즉 계정과목만 다를 뿐 분개의 틀은 모두 다 동일합니다. 지금까지의 거래는 모두 영업활동에 따른 거래인데 그외에 재무활동 및 투자활동에 따른 거래가 있습니다.

네 번째는 재무활동에 따른 거래로서 은행을 통한 **자금조달 및 상환거래**입니다. 대출금을 빌리거나 갚는 것이며 이에 따른 이자비용 지급까지 포함됩니다.

마지막은 투자활동으로서 각종 **투자 및 유형자산의 취득과 매각거래**입니다. 차량과 비품 등을 구입하거나 중간에 매각하는 경우에는 관련해서 처분손익이 발생하므로 이를 반영해야 합니다.

사업체에서 발생하는 모든 거래는 이 5가지 유형에서 크게 벗어나지 않습니다. 이런 모든 거래는 거래의 결과 증빙이라는 흔적을 남기는데 이를 통해 회계처리, 즉 분개를 하게 됩니다. 매출매입거래의 증빙은 대부분 주고받은 세금계산서나 계산서 그리고 신용카드매출(매입)전표, 현금영수증과 일반(간이)영수증을 의미합니다.

아울러 비용지출(특히 인건비와 일용급여·인적용역비 등)에 관련해서 원천징수해야할 세금이 있을 때는 이를 감안해서 회계를 해야 하므로 올바른 회계를 위해서는 관련 세금도 정확히 알고 있어야 합니다.

지금부터 창업한 이후 민수버거에서 발생한 거래를 5가지 주요 거래유형별로 나누어 회계처리해보겠습니다.

영업활동

– 매입 및 매출거래

매입·매출거래는 원래 건별로 회계처리하는 것이 원칙이지만 날짜가 같고 거래 상대방이 같다면 묶어서 한꺼번에 처리해도 됩니다. 특히 기업간 거래는 신용(외상)거래이므로 상대 거래처마다 따로 건별로 회계처리하는 것이 원칙입니다.

하지만 일반소비자를 대상으로 하는 소매업이나 음식점업에서 발행하는 카드매출은 매일 그 합계금액을 한꺼번에 입력하는 것이 훨씬 간편합니다.

(재고자산 매입거래)
| ㈜삼정푸드로부터 식자재를 공급받고 세금계산서를 받다 |

전자세금계산서					승인번호		

공급자	등록번호	987-65-XXXXX	종사업장번호		공급받는자	등록번호	123-45-XXXXX	종사업장번호	
	상 호 (법인명)	㈜삼정푸드	성명	한희망		상 호 (법인명)	민수버거	성명	김민수
	사업장	서울시 서초구 방배동				사업장	서울시 성동구 행당동		
	업태	도.소매	종목	식료품		업태	서비스	종목	음식점
	이메일	HHM@○○○○.○○○				이메일	KMS@○○○○○.○○○		

작성일자	공 급 가 액	세액	수정사유
202*/11/20	2,000,000	200,000	

비고	

월	일	품 목	규격	수량	단 가	공 급 가 액	세 액	비 고
11	20	버거용 빵 외 3종		20박스	100,000	2,000,000	200,000	

합 계 금 액	현금	수표	어음	외상미수금	이 금액을	영수 청구	함
2,200,000				2,200,000			

차변		대변	
계정과목	금 액	계정과목	금 액
원재료 부가가치세대급금 (자산증가)	2,000,000 200,000	외상매입금-삼정푸드 (부채증가)	2,200,000

● 전산화면에서 입력하는 방법은 뒤(225쪽부터)에서 설명합니다.

회계상식

| ㈜제일기획으로부터 매장에서 판매할 머그컵을 매입하고
계좌이체로 결제하다. |

전자세금계산서						승인번호		
공급자	등록번호	467-33-XXXXX	종사업장번호		공급받는자	등록번호	123-45-XXXXX	종사업장번호
	상호(법인명)	(주)제일기획	성명	지화자		상호(법인명)	민수버거	성명	김민수
	사업장	경기도 여주시				사업장	서울시 성동구 행당동		
	업태	도.소매	종목	도자기		업태	서비스	종목	음식점
	이메일	JHJ@○○○○.○○○				이메일	KMS@○○○○○.○○○		

작성일자	공 급 가 액	세액	수정사유
202*/12/22	1,000,000	100,000	
비고			

월	일	품 목	규격	수량	단 가	공 급 가 액	세 액	비 고
12	22	머그컵		10박스	100,000	1,000,000	100,000	

합 계 금 액	현금	수표	어음	외상미수금	이 금액을	영수 / 청구	함
1,100,000	1,100,000						

차변		대변	
계정과목	금 액	계정과목	금 액
상품 부가가치세대급금 (자산증가)	1,000,000 100,000	보통예금 (자산감소)	1,100,000

 세무 TIP

부가가치세를 신고하지 않는 면세사업자는 부가가치세를 따로 구분하지 않고 원재료 또는 상품금액에 포함시키면 됩니다.

(매출거래)

| ㈜성수기업에 수제버거 100개를 정가(개당 18,000원, 부가가치세 포함)대로 납품하고 세금계산서를 발행하다. 대금은 통장으로 이체받았다 |

전자세금계산서					승인번호			
공급자	등록번호	123-45-XXXXX	종사업장번호		공급받는자	등록번호	340-44-XXXXX	종사업장번호
	상호 (법인명)	민수버거	성명	김민수		상호 (법인명)	㈜성수기업	성명	박성수
	사업장	서울시 성동구 행당동				사업장	서울시 성동구 성수동	
	업태	서비스	종목	음식점		업태	도매업	종목	정수기
	이메일	KMS@○○○○○.○○○				이메일	PSS@○○○○.○○○	

작성일자	공 급 가 액	세액	수정사유
202*/11/25	1,636,634	163,636	

비고								

월	일	품 목	규격	수량	단가	공 급 가 액	세 액	비 고
11	25	수제버거		100	16,363	1,636,364	163,636	

합 계 금 액	현금	수표	어음	외상미수금	이 금액을	영수 청구	함
1,800,000	1,800,000						

차변		대변	
계정과목	금 액	계정과목	금 액
보통예금 (자산증가)	1,800,000	매출액 (수익발생) 부가가치세예수금 (부채증가)	1,636,364 163,636

회계상식

| 11월의 매출 확인 결과 현금매출(현금영수증발행분)이 50만 원,
카드매출이 900만 원으로 확인되었다 |

차변		대변	
계정과목	금 액	계정과목	금 액
현금 미수금 (자산증가)	500,000 9,000,000	매출액(수익발생) 부가가치세예수금 (부채증가)	8,636,363 863,637

| 12월의 매출 확인 결과 현금매출(현금영수증발행분)이 100만 원,
카드매출이 800만 원으로 확인되었다 |

차변		대변	
계정과목	금 액	계정과목	금 액
현금 미수금 (자산증가)	1,000,000 8,000,000	매출액(수익발생) 부가가치세예수금 (부채증가)	8,181,818 818,182

부가가치세를 내지 않는 면세사업자는 부가가치세를 포함한 전액을 매출로 처리하면
됩니다.

원래는 위와 같이 처리하는 것이 원칙이지만 신용카드매출금액은 다음달에 통장으로
입금될 것이 거의 확실하므로 매출시점에서 미리 보통예금으로 처리하면 간편합니
다. 이 경우에는 결산할 때만 연말 현재 미회수된 금액을 보통예금에서 차감하여 미
수금(또는 외상매출금)으로 잡으면 됩니다. ((차) 미수금 ××× (대) 보통예금 ×××)

영업활동

- 인건비와 4대보험 지출거래

(1) 상용근로자에 대한 인건비

정규임직원(세법에서는 상용근로자로 표현함)에 대한 인건비는 급여·
퇴직급여·복리후생비로 구성됩니다. 인건비 지급거래는 모두 예금
이체거래이므로 단순하지만 복리후생비를 제외하고는 원천징수를
해야 하는 것이 조금 번거롭습니다.

하지만 퇴직급여는 드물게 발생하는 것이며 급여는 매월 동일
한 금액이 반복적으로 지급되는 것이므로 연초에 한 번만 계산해서
분개해두면 매월 동일한 분개를 복사해서 붙여넣으면 됩니다.

특히 중소사업체에서는 인건비가 큰 부담이어서 근로자가 없는
사업체가 점점 많아지고 정규근로자 대신 일용직(아르바이트생)을 사
용하는 경우가 많은데, 일용직은 대부분 원천징수 대상이 아닌 경

우가 많아서 더욱 간단합니다.

한편 근로자가 없이 대표만 있는 1인 법인의 경우 대표도 근로 자이므로 인건비를 지출할 수 있지만 복리후생비는 비용처리(건강 보험료 회사부담액은 가능)하지 못합니다. 법인이 아닌 개인사업체인 경 우 사업주(대표)는 근로자가 아닌 사업자이므로 사업주 자신에 대한 모든 인건비를 비용으로 처리하면 안됩니다.

| 10월 25일에 파트타임으로 근무하는 매장 직원의 월급 220만 원을 계좌이체하다 |

차변		대변	
계정과목	금 액	계정과목	금 액
급여 (비용발생)	2,200,000	보통예금(자산감소) 예수금(부채증가)	2,009,100 190,900

세무 TIP

원천징수금액의 내역과 계산법은 다음과 같습니다. 기준금액은 모두 보수월액(급여-비과세급여(월 20만 원 이내의 식대))이므로 200만 원입니다.

항목	공제액	금액(원)
근로소득세	국세청 간이세액표에 따름	20,900
건강보험료(고용보험료와 장기요양보험료 포함)	약 4%	80,000
국민연금보험료	4.5%	90,000
계		190,900

▲ 20,900원 = 소득세(19,000원) + 지방소득세(1,900원)

간이세액표는 국세청홈텍스에서 조회하면 되는데, 간이세액표에 따른 소득세 원천징수는 어차피 내년 2월에 연말정산을 다시 할 것이므로 약간의 차이가 나더라도 문제는 없습니다. 보험요율은 해마다 조금씩 인상되므로 매년 업데이트가 필요합니다.

| 11월 10일 10월 급여지급시에 공제했던 근로소득세와
공적보험료공제액이 사업자 부담액과 함께 자동이체 되다 |

차변		대변	
계정과목	금 액	계정과목	금 액
예수금 (부채감소) 복리후생비 세금과공과 (비용발생)	190,900 80,000 90,000	보통예금 (자산감소)	360,900

공적보험제도는 사업자와 근로자가 각각 절반씩 부담하는 것입니다. 매월 10일에는 최초 신규채용시에 신고했던 보수금액을 기준으로 건강보험료는 8%, 국민연금은 9%가 계산되어 사업체의 계좌에서 자동이체로 출금됩니다.

따라서 전월의 급여지급시 공제했던 금액은 예수금에서 정리하면 되지만, 사업체가 내주는 금액은 각각 복리후생비와 세금과공과로 비용처리해야 합니다. 최초 급여신고 이후 매년 급여가 변동될 수 있으므로 공단에서는 매년 초에 전년도에 지급한 보수총액에 대한 신고를 받아 이를 근거로 4월에 정산(급여가 인상됐으면 차액을 추가징수)하고 있습니다.

근로소득세 원천징수세액은 매달마다 홈텍스에서 원천징수신고를 하면 자동으로 고지서가 생성되므로 그대로 납부하면 되는데, 근로자수가 20명 미만인 소규모사업장(중소사업체의 대부분이 이에 해당함)은 번거로움을 덜기위해 6개월 단위로 신고하고 납부할 수 있습니다. 이렇게 하려면 국세청 홈텍스에서 반기납부신청을 하면 되는데, 이 경우에는 매월 원천징수한 세금을 예수금계정에 그대로 두었다가 상반기는 7월 10일, 하반기는 다음 해 1월 10일에 원천징수이행상황신고서를 제출하고 납부하면서 예수금을 정리하면 됩니다.

**| 1월 10일 작년 하반기(7월~12월)에 원천징수한 소득세를 신고하고 납부하다.
근로소득세 원천징수이행상황신고서를 제출하고
지방소득세도 신고하고 납부하다 |**

차변		대변	
계정과목	금 액	계정과목	금 액
예수금 (부채감소)	125,400	보통예금 (자산감소)	125,400

▲ 125,400원 = 20,900원 × 6개월

국세청 홈텍스에서 근로소득세 원천징수이행상황신고서를 제출하면 이어서 지방소득세 신고사이트로 연결되는데, 지방소득세는 소득세의 10%이므로 자동으로 계산되어 뜹니다. 몇 번의 클릭만으로 신고는 마무리되고 자동으로 고지서가 생성되므로 이체만 하면 됩니다.

(2) 일용근로자에 대한 인건비

흔히 알바로 표현하는 일용근로자에게 일당을 지급하는 경우에는 급여라는 계정과목 대신 '**일용급여**'라는 계정과목을 사용합니다. 계정과목만 다를 뿐 소득세를 원천징수하고 지급명세서를 제출해야 하는 것은 상용근로자와 마찬가지입니다.

다만, 일급여에서 15만 원을 공제한 금액을 소득으로 보므로 일당이 15만 원 이하라면 세금은 없다고 생각하면 됩니다. 세금이 없더라도 일용근로자의 인적사항과 지급액을 기재한 **일용근로소득 지급명세서**를 지급한 날의 다음달 말일까지 홈택스로 제출해야 합니다.

| 11월 25일 매장에서 근무한
알바생 급여 40만 원(일당 8만 원 × 5일)을 계좌이체하다 |

차변		대변	
계정과목	금 액	계정과목	금 액
일용급여 (비용발생)	400,000	보통예금 (자산감소)	400,000

원천징수한 세금이 없더라도 지급일의 다음달 말일(11월 지급분이므로 12월 31일)까지 일용근로소득 지급명세서를 제출해야 세무상 경비로 인정받을 수 있습니다.

회계상식

일용근로자도 근로자별로 근로시간이 한달에 60시간을 넘거나 8일 이상 근무하면 건강보험과 국민연금에 가입하고 보험료를 내야 하므로 가급적 그 기준을 초과하지 않는 범위 내에서 고용해야 금전적인 부담은 물론 회계처리의 번거로움도 줄일 수 있습니다.

(3) 정부보조금으로 인건비 등을 지원받은 경우

두루누리제도는 사업체가 부담하는 공적보험료의 일부를 정부가 지원해주는 제도입니다. 이렇게 인건비 지원을 비롯해서 연구비 등을 정부로부터 지원받아 지출하는 경우에는 받은 보조금을 수익이 아니라 해당 비용에서 상계해야 합니다.

예를 들어 급여가 300만 원인 근로자를 채용하고 정부로부터 고용지원금으로 매월 100만 원을 받는다면 사업체가 부담하는 200만 원만 비용으로 표시해야 합니다.

그런데 실무에서는 회계처리를 편하게 하기 위해 급여를 300만 원으로 표시하고 받은 지원금 100만 원을 보조금수익(영업외수익)으로 처리하는 경우가 많습니다. 이렇게 해도 당기순이익은 어차피 같으므로 세무상으로 문제될 것은 없지만 정확한 회계처리는 아닙니다.

| 12월 1일 정부지원금을 받기로 하고 신입직원 1명을 채용하다.
급여는 300만 원이며 매월 21일에 100만 원이 고용장려금으로 지급된다 |

급여지급일(12월 21일)

차변		대변	
계정과목	금 액	계정과목	금 액
급여 (비용발생)	3,000,000	보통예금(자산감소) 예수금(부채증가)	2,800,000 200,000

장려금 수령일(12월 21일)

차변		대변	
계정과목	금 액	계정과목	금 액
보통예금 (자산증가)	1,000,000	급여 (비용감소)	1,000,000

보조금 수령액을 비용(급여)과 상계함으로써 사업체가 부담하고 지출한 금액(200만 원)만 손익계산서에 급여로 표시해야 합니다.

영업활동

– 일반비용 지출거래

일반비용 지출거래는 돈이 나가는 거래이므로 매우 간단합니다. 차변에는 지출의 원인이 된 해당 비용과목을 넣으면 됩니다. 경비지출시에는 대부분 법인(사업자)카드를 사용하므로 대변은 미지급금이 맞지만 어차피 카드결제일에 출금될 것이므로 아예 보통예금으로 처리하는 것이 간편합니다.

이때 비용금액은 증빙에 표시된 공급가액을 넣고 부가가치세(매입세액)는 부가세신고할 때 매출세액(부가가치세예수금)에서 공제(환급)받을 것이므로 자산(부가가치세대급금)으로 구분해서 넣으면 됩니다.

단, 면세사업자이거나 기업업무추진비 또는 승용차의 유지비용에 관련된 부가가치세는 공제가 불가능하므로 해당 비용에 포함시켜서 처리해야 합니다.

**| 12월 25일 직원 및 알바생들과 같이 저녁식사를 하고 20만 원(부가세포함)을
법인카드(사업자카드)로 결제했다 |**

차변		대변	
계정과목	금 액	계정과목	금 액
복리후생비 (비용발생) 부가가치세대급금 (자산증가)	181,818 18,182	보통예금	200,000

원래는 대변 계정이 미지급금이지만, 어차피 통장에서 빠져나갈 것이므로 미리 보통
예금에서 차감해 버리는 것이 편합니다. 이렇게 처리할 경우에는 결산할 때 12월말일
기준으로 미결제된 금액을 확인해서 (차)보통예금 XXX (대)미지급금 XXX 으로 분개
하면 됩니다.

근로자가 없는 1인 사업체인 경우 근로자를 위한 복리후생비를 지출할 이유가 없으
므로 국세청에서는 건강보험료 이외의 복리후생비를 비용으로 인정하지 않습니다.

**| 12월 28일 설날 선물용으로 거래처에 제공할 선물세트 50만 원을
법인카드(사업자카드)로 구매하다 |**

차변		대변	
계정과목	금 액	계정과목	금 액
기업업무추진비 (비용발생)	500,000	미지급금 (보통예금)	500,000

회계상식

카드전표에 표시된 부가가치세는 세법상 공제(환급)가 안되므로 기업무추진비에 포함시켜 비용처리해야 합니다.

| 12월 29일에 다음과 같은 경비발생 내역을 확인하고 회계처리하다 |

관리비 지출내역서

임차료(부가가치세 별도)	1,500,000원	계좌이체
차량(승용차)유류비	150,000원	카드결제
차량보험료	50,000원	카드결제
주차위반범칙금	30,000원	계좌이체
주민세	40,000원	계좌이체
가스수도요금	150,000원	계좌이체
전화요금(핸드폰포함)	90,000원	계좌이체
차입금이자	208,300원	계좌이체
합계	2,218,300원	

차변		대변	
계정과목	금 액	계정과목	금 액
임차료	1,500,000		
부가가치세대급금	150,000		
차량유지비	150,000		
보험료	50,000	미지급금	200,000
세금과공과	40,000	보통예금	2,138,300
수도광열비	150,000		
통신비	90,000		
이자비용	208,300		

매월 카드회사에서 오는 법인카드 사용(사업자카드)내역서를 보고 관련 비용계정으로 처리하면 됩니다. 결국 비용은 매일 발생하지만 회계처리는 한꺼번에 이루어지는 셈이며, 이 경우 명세서의 날짜대로 입력하면 됩니다. 다만, 법인의 경우는 그럴 일이 없지만 개인사업자의 경우 카드사용내역 중 사업과 관련없는 개인적인 용도의 지출(의료비, 학원비, 의류구입비 등)이 있을 수 있으므로 이런 것들을 제외시켜야 합니다.

세법에서는 사업자가 법을 위반해서 내는 각종 벌과금·범칙금·과태료 등을 비용으로 인정하지 않습니다. 이를 비용으로 인정해주면 법을 위반한 자에게 그만큼 세금을 깎아주는 혜택이 생기기 때문입니다. 따라서 이런 것들을 비용으로 처리하면 법인세나 종합소득세를 신고할 때 이를 수정(세무조정)해야 하는 번거로움이 생기므로 아예 비용으로 넣지 않는 것이 편합니다.

재무활동

- 자금조달 및 상환거래

　은행거래는 매우 간단합니다. 대출 및 차입금상환거래는 손익과 상관없이 자산·부채만 변동하는 거래이며 재화·용역의 제공거래가 아닌 금융거래이므로 부가가치세가 없기 때문입니다. 따라서 지출 및 수입에 관한 증빙이 없이 차입약정서와 통장거래내역으로 회계처리가 이루어집니다.

　차입금에 대한 이자비용은 대부분 자동이체되므로 정해진 이자지급일에 통장에서 이체내역을 확인한 후 처리하면 됩니다. 매월 반복되는 거래유형이므로 복사해서 넣고 금액만 수정하면 간편합니다.

　이자비용에 대한 회계처리는 비록 단순하지만 세무상 유의해야 할 점이 있습니다. 이자비용은 관련된 차입금을 사업목적으로 사용하기만 하면 세무상 모두 경비로 인정됩니다. 그러나 차입금을 사업외적인 용도로 사용하면 그에 상응하는 이자비용을 경비로 인정하지 않는데, 개인사업자의 경우 사업용자산금액보다 부채가 더 많은 경우(초과인출금이라고 함) 이에 해당합니다. 사업용자산과 부채의 차액만큼은 개인적으로 가져다 쓴 것이 명백하므로 이에 대한 이자비용을 경비로 인정하지 않습니다.

한편 법인의 경우에는 자산 중에 특수관계인에 대한 대여금 등 업무무관자산이 있을 경우 차입금을 사업과 관련없이 사용한 것으로 간주하여 관련 금액에 대한 이자비용을 인정하지 않습니다.

| 11월 1일 운영자금이 부족해서 은행에서 1년 만기(일시상환), 이자율 5%에 5,000만 원을 대출받았으며 보통예금통장으로 입금되었다. 이자는 매월 말에 자동으로 출금된다 |

차입일

차변		대변	
계정과목	금 액	계정과목	금 액
보통예금 (자산증가)	50,000,000	단기차입금 (부채증가)	50,000,000

11월 30일 이자지급일

차변		대변	
계정과목	금 액	계정과목	금 액
이자비용 (비용발생)	208,300	보통예금 (자산감소)	208,300

▲ 208,300원 = 5,000만 원 × 5% × 1/12

회계상식

| 12월 1일 거래은행에서 시설자금으로 1억 원을 대출받았다.
만기는 5년, 이자율은 5%이며 매월 원리금을 분할상환하는 조건이다.
대출금은 보통예금계좌로 입금되었다 |

차입일

차변		대변	
계정과목	금 액	계정과목	금 액
보통예금 (자산증가)	100,000,000	장기차입금 (부채증가)	100,000,000

12월 30일 원리금상환일

차변		대변	
계정과목	금 액	계정과목	금 액
이자비용 (비용발생) 장기차입금 (부채감소)	416,667 1,666,666	보통예금 (자산감소)	2,083,333

▲ 416,667원 = 1억 원 × 5% × 1/12
▲ 1,666,666원 = 1억 원 × 1개월/60개월

투자활동

- 자산취득 및 매각거래

　대부분 중소사업체에서의 투자활동으로는 유형자산 등을 구입하는 것이 일반적입니다. 이때 사용가능연수(내용연수라고 함)가 1년 이하인 소모성 비품이라면 굳이 자산으로 처리해서 번거롭게 매년 감가상각하지 않아도 됩니다.

　설령 내용연수가 1년 이상이어도 세법에서는 품목당 취득금액이 100만 원 미만인 것은 취득한 시점에 즉시 비용처리하는 것을 허용하고 있습니다. 나아가 컴퓨터나 핸드폰은 100만 원을 초과하더라도 금액에 상관없이 비용처리가 가능하므로 이런 소모성비품은 아예 처음부터 비용(소모품비)으로 처리하는 것이 간편합니다.

(자산취득거래)
| 에어컨과 주방용기기 등을 3,000만 원(부가가치세 별도)에 구입하고
그 대금을 계좌이체로 지급하고 세금계산서를 받다 |

전자세금계산서				승인번호			

<table>
<tr><td rowspan="5">공급자</td><td>등록번호</td><td colspan="2">237-13-XXXXX</td><td>종사업장번호</td><td rowspan="5">공급받는자</td><td>등록번호</td><td>123-45-XXXXX</td><td>종사업장번호</td><td></td></tr>
<tr><td>상 호
(법인명)</td><td colspan="2">소망키친</td><td>성명</td><td>이소망</td><td>상 호
(법인명)</td><td>민수버거</td><td>성명</td><td>김민수</td></tr>
<tr><td>사업장</td><td colspan="4">서울시 송파구 잠실동</td><td>사업장</td><td colspan="3">서울시 성동구 행당동</td></tr>
<tr><td>업태</td><td colspan="2">서비스</td><td>종목</td><td>실내장식</td><td>업태</td><td>서비스</td><td>종목</td><td>음식점</td></tr>
<tr><td>이메일</td><td colspan="4">LSM@○○○○.○○○</td><td>이메일</td><td colspan="3">KMS@○○○○○.○○○</td></tr>
</table>

작성일자	공 급 가 액	세액	수정사유
202*/11/10	30,000,000	3,000,000	
비고			

월	일	품 목	규격	수량	단 가	공 급 가 액	세 액	비 고
11	10	에어컨 주방기기 등		1	30,000,000	30,000,000	3,000,000	

합 계 금 액	현금	수표	어음	외상미수금	이 금액을	영수 청구	함
33,000,000	33,000,000						

차변		대변	
계정과목	금 액	계정과목	금 액
비품 부가가치세대급금 (자산증가)	30,000,000 3,000,000	보통예금 (자산감소)	33,000,000

 회계 TIP

유형자산은 결산시 반드시 감가상각비를 비용에 반영해야 그만큼 이익이 적어지고 세금도 덜 내게 됩니다.

**| 사업활동에 필요한 차량을 2,000만 원(부가가치세 별도)에 구매하고
대금은 계좌이체로 지급하고 세금계산서를 받았다.
별도로 취득세 등 등록비용 300만 원과 탁송비용 11만 원(부가가치세 포함)을
계좌이체로 지급하고 관련 영수증을 받다 |**

전자세금계산서						승인번호		
공급자	등록번호	237-13-XXXXX	종사업장번호		공급받는자	등록번호	123-45-XXXXX	종사업장번호
	상 호 (법인명)	한국자동차	성명	서한국		상 호 (법인명)	민수버거	성명 김민수
	사업장	서울시 강남구 역삼동				사업장	서울시 성동구 행당동	
	업태	제조	종목	자동차		업태	서비스	종목 음식점
	이메일	SHK@○○○○.○○○				이메일	KMS@○○○○○.○○○	

작성일자	공 급 가 액	세액	수정사유
202*/12/20	20,000,000	2,000,000	
비고			

월	일	품 목	규격	수량	단 가	공 급 가 액	세 액	비 고
12	20	화물차(포터)		1	20,000,000	20,000,000	2,000,000	

합 계 금 액	현금	수표	어음	외상미수금	이 금액을	영수 청구	함
22,000,000	22,000,000						

차변		대변	
계정과목	금 액	계정과목	금 액
차량운반구 부가가치세대급금 (자산증가)	23,100,000 2,010,000	보통예금 (자산감소)	25,110,000

만약 구입한 차종이 승용차라면 관련 부가가치세를 공제받지 못하므로 부가가치세를 포함한 25,110,000원 전액을 취득원가로 처리해야 합니다. 면세사업자도 마찬가지입니다. 참고로 승용차도 사업목적으로 사용(출퇴근용도 사업목적으로 사용하는 것임)하면 관련 경비(보험료·자동차세·유류비·수선비 등)를 비용으로 처리할 수 있으며 세법에서도 인정합니다. 단, 부가가치세만 공제(환급)받지 못할 뿐입니다.

아울러 법인사업자와 매출액이 업종별로 정해진 일정규모를 넘는 개인사업자(복식부기기장 의무자)는 승용차(1,000cc미만의 경차는 제외) 1대당 연간 비용(감가상각비 포함)이 1,500만 원을 초과하면 운행일지를 작성해야 합니다. 나아가 연간 감가상각비 금액을 800만 원까지만 인정하는 등 번거로운 규제가 따르므로 가급적 승용차가 아닌 다른 차종을 구매하거나 연간 비용이 1,500만 원(감가상각비는 800만 원)을 넘지 않도록 조정(취득원가가 4,000만 원을 초과할 경우 감가상각기간을 늘리면 됨)하는 것이 편합니다.

(자산매각거래)
| 사용하던 승용차(장부가액 1,000만 원)를
1,200만 원(부가가치세 별도)에 매각하고 세금계산서를 발행하다 |

전자세금계산서				승인번호			
공급자	등록번호	123-45-XXXXX	종사업장번호		공급받는자	등록번호	340-44-XXXXX	종사업장번호	
	상 호 (법인명)	민수버거	성명	김민수		상 호 (법인명)	㈜싸다카	성명	조은대
	사업장	서울시 성동구 행당동				사업장	서울시 동대문구 장안동		
	업태	서비스	종목	음식점		업태	서비스	종목	중개
	이메일	KMS@○○○○○.○○○				이메일	JYD@○○○○.○○○		

작성일자	공 급 가 액	세액	수정사유
202*/12/10	12,000,000	1,200,000	
비고			

월	일	품 목	규격	수량	단 가	공 급 가 액	세 액	비 고
12	10	승용차(아반테)		1	12,000,000	12,000,000	1,200,000	

합 계 금 액	현금	수표	어음	외상미수금	이 금액을	영수 청구	함
13,200,000	13,200,000						

차변		대변	
계정과목	금 액	계정과목	금 액
보통예금 (자산증가)	13,200,000	차량운반구(자산감소) 유형자산처분이익(수익발생) 부가가치세예수금(부채증가)	10,000,000 2,000,000 1,200,000

🔍 **세무 TIP**

승용차의 구입시에는 부담한 부가가치세를 공제받지 못하지만 매각시에는 재화의 공급거래에 해당하므로 부가가치세를 납부해야 합니다. 따라서 상대방에게 세금계산서를 발행해야 합니다.

PART

활용편

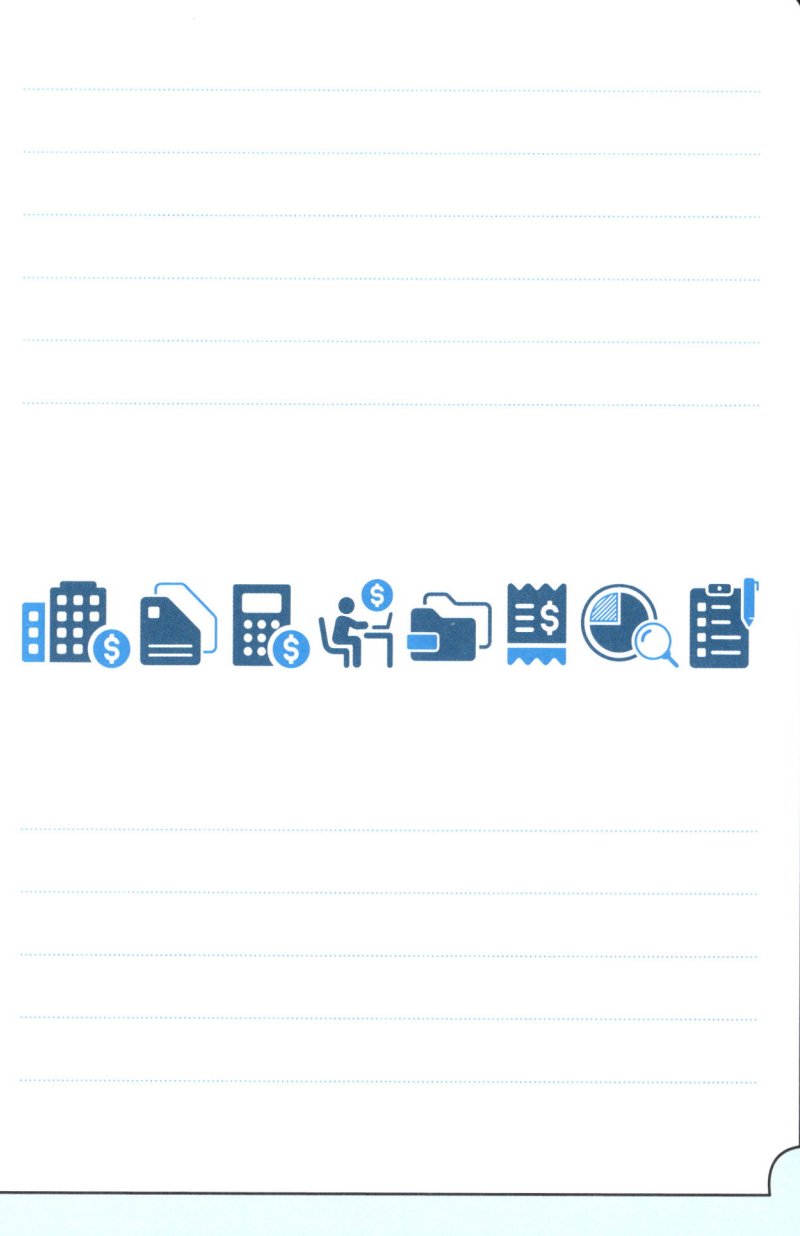

손에 잡히는 회계
직접 해봐야 사업과 돈의 흐름이 보인다

회계 프로그램을
선택하는 기준은?

요즘은 회계장부를 손으로 직접 만들지 않습니다. 아주 오래전 컴퓨터가 없던 시절에는 거래를 일일이 장부에 적고 이를 토대로 재무제표를 만들었지만 지금은 사용이 편리한 회계 프로그램을 이용해서 훨씬 빠르고 쉽게 회계를 할 수 있습니다.

다양한 회계 프로그램이 있지만 성능은 거의 비슷합니다. 다만, 회계 프로그램이라고 하더라도 사업체에서 어떤 거래가 있었는지를 자동으로 인식하지는 못합니다.

따라서 거래자료 입력화면에서 차변과 대변 계정과목과 각각의 금액을 입력해야 하는데, 그 다음부터는 프로그램이 알아서 다 해줍니다. 계정과목별로 집계해서 계정별원장을 만들고 합계잔액시산표를 만드는 모든 과정을 프로그램이 자동으로 진행해주니 입력만 하고나면 이후에는 조회화면에서 결과물만 조회하면 됩니다.

"회계를 전문적으로 배우지도 않았는데 프로그램을 사용할 수 있을까? 입력을 잘못해서 틀리면 어쩌지? 바빠서 시간이 안되는데…."라고 생각하며 주저할 수 있지만 절대 그렇게 생각할 필요가 없습니다. 차변과 대변의 계정과목이 안맞으면 아예 입력이 안되고 차변과 대변의 금액이 안맞으면 '차액발생'이라고 알림이 뜹니다. 일이 바빠서 거래자료를 매일 입력하기가 어렵다면 시간날 때 한꺼번에 해도 됩니다. 사용법이 워낙 편리해서 몇 번만 해보면 의외로 금방 숙달이 됩니다.

우선 인터넷에 회계자격시험용으로 제공되는 무료 교육용 프로그램으로 연습해보는 것이 좋습니다. 교육용 프로그램은 한국공인회계회 AT자격시험 사이트(http://at.kicpa.or.kr)에서 무료로 다운로드 받으면 됩니다.

이렇게 무료로 제공되는 프로그램을 사용해보면서 익숙해진 다음, 구입의 필요성이 생길 때 구매해도 늦지 않습니다. 사업자가 직접 하는 회계는 단순히 경비절감차원의 문제가 아닙니다. 내가 운영하는 사업체의 경영과 돈의 흐름을 회계를 통해 실시간으로 확인하고 관리할 수 있다는 것이 최대 장점입니다.

나아가 초보자들이 모의주식투자게임을 통해 투자감각을 익히

회계상식

듯이 회계의 원리를 배우고자 하는 경우에도 모의거래자료를 회계 프로그램에 직접 입력한 후 시산표와 재무제표 등을 확인해보면 회계구조와 흐름을 이해하기가 훨씬 쉽습니다. 아울러 가상의 매출과 비용자료에 대한 시뮬레이션을 통해 예상손익도 미리 추정해볼 수 있습니다.

회사등록, 기초자산·부채와
거래처 등록부터 시작하자

회계 프로그램을 다운받아 설치한 후 제일 먼저 해야 할 일은 회사등록입니다. 회계작업을 진행할 회사를 등록하는 것인데 회사이름과 회계연도, 사업장 주소 등 기본적인 사항을 입력하면 됩니다. 모든 입력내용은 입력과 동시에 자동으로 저장되며 잘못 입력한 내용을 지우고자 할 때는 스페이스바를 치면 삭제됩니다.

회계 프로그램에서는 회사명과 모든 계정과목 및 거래처 등이 코드번호로 입력되고 관리됩니다. 코드번호는 계정별 금액을 자동으로 집계하거나 자료불러오기 등 전산으로 회계작업을 하기 위한 것일 뿐 이를 기억하고 있어야 하는 것은 아니며 코드번호를 모르더라도 작업하는데는 아무런 지장이 없습니다.

▲ 사용급수는 TAT2급으로 지정하면 무난합니다. 사용급수 지정 후 아래의 회사등록을 클릭하면 아래와 같은 입력창이 뜨는데, 우선 회사코드번호 4자리(임의로 정하면 됨)를 친 후에 상호를 입력하고 오른쪽의 회계연도, 대표자, 주소 등 필요한 내용을 순서대로 입력하면 됩니다. 입력을 마친 이후 창을 닫으면 처음 화면으로 돌아오는데, 이후부터는 회사코드번호를 치거나 우측의 돋보기를 클릭해서 작업하고자 하는 회사를 선택해서 들어가면 됩니다.

| 회사등록 |

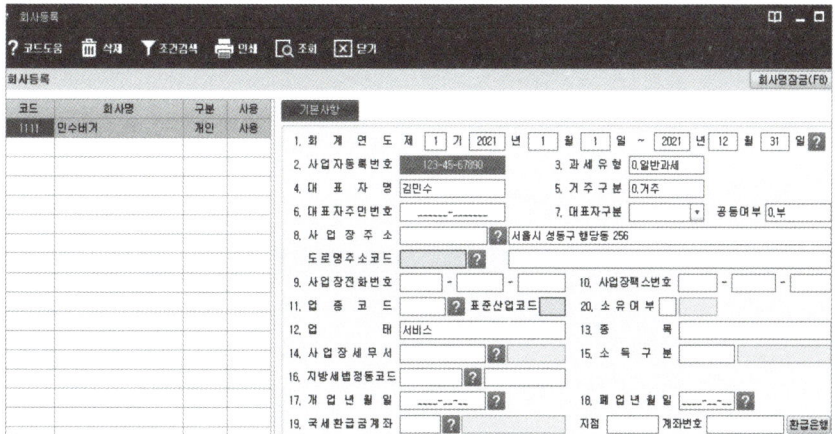

회사등록 후 왼쪽에 있는 회계메뉴의 기초정보관리에서 전기분 재무제표를 등록해야 하는데, 이는 자산·부채·자본 계정별로 초기 잔액(계속 사업자인 경우에는 작년말 잔액)을 입력하는 것입니다. 수익·비용계정은 매년 잔액이 이월되는 것이 아니므로 작년도 금액을 굳이 입력하지 않아도 되지만, 손익계산서에서 작년과 올해 수치를 비교식으로 나타내려면 작년 숫자를 입력해야 합니다.

| 회계메뉴 |

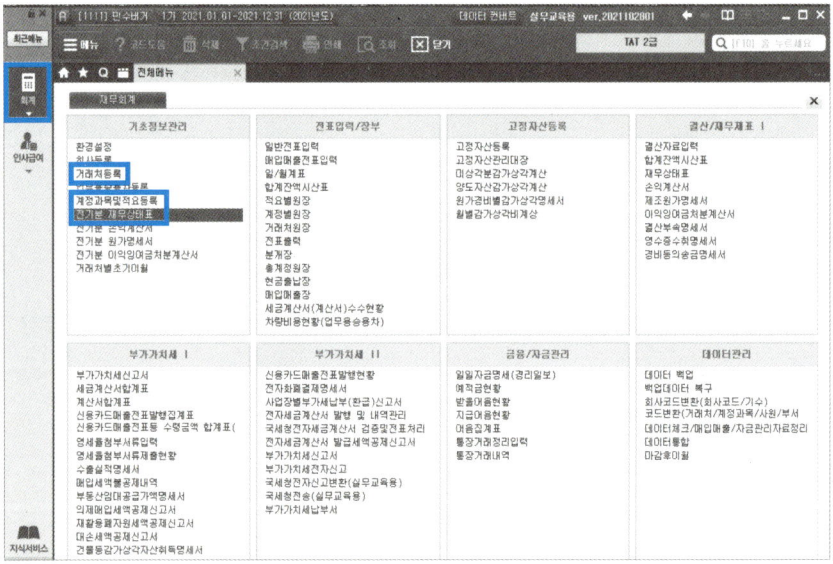

아울러 주된 외상거래처(매출 및 매입거래처)를 미리 등록해두면 분개할 때마다 일일이 거래처를 입력하지 않고 불러올 수 있어 편리합니다. 각 거래처별로 코드번호(임의의 다섯자리 숫자)를 부여해 입력

회계상식

하기만 하면 됩니다. 또한 입력한 모든 내용은 엔터키를 치는 순간
실시간으로 자동저장이 되므로 따로 저장을 안해도 됩니다.

지금부터 민수버거의 기초잔액 및 거래처를 등록해 보겠습니다.

| 전기분 재무상태표(기초잔액) 입력 |

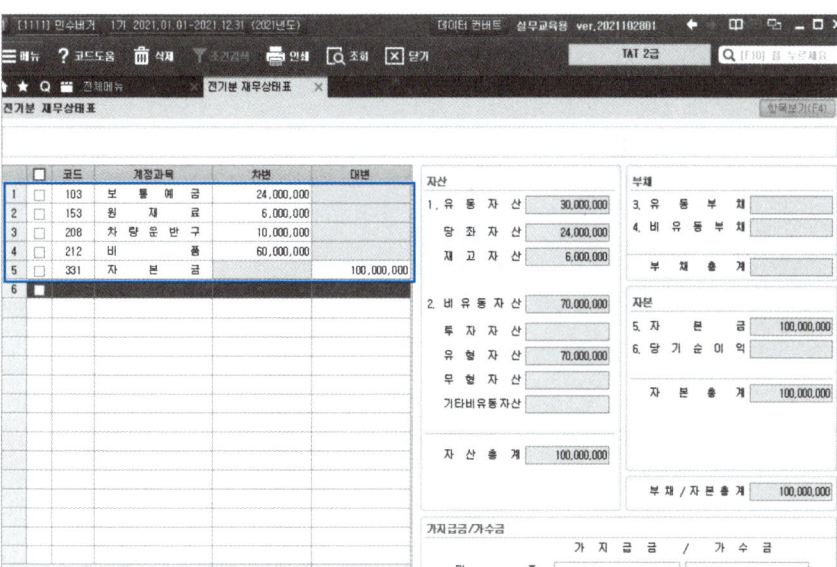

● 처음으로 회계를 할 때는 전산프로그램의 전기말 재무상태표 등록메뉴에서 초기이월작업을 해주
어야 하며 입력결과 화면은 위와 같습니다.(95쪽의 개시 재무상태표와 동일함)

● 모든 계정과목은 코드번호화되어 있으므로(예를 들어 보통예금은 103번) 해당 코드번호를 입력하면
자동으로 계정과목이 뜹니다. 코드번호를 모를 경우에는 코드 입력칸에 한글로 계정과목을 치면
코드번호 안내창이 뜨므로 여기서 원하는 계정을 선택하면 됩니다.

| 거래처등록 |

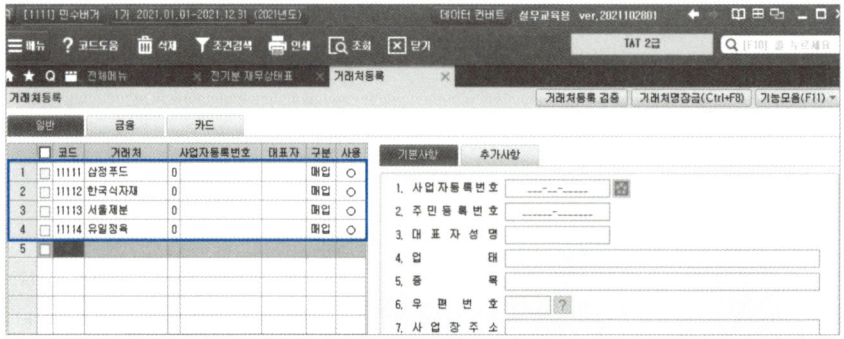

회계상식

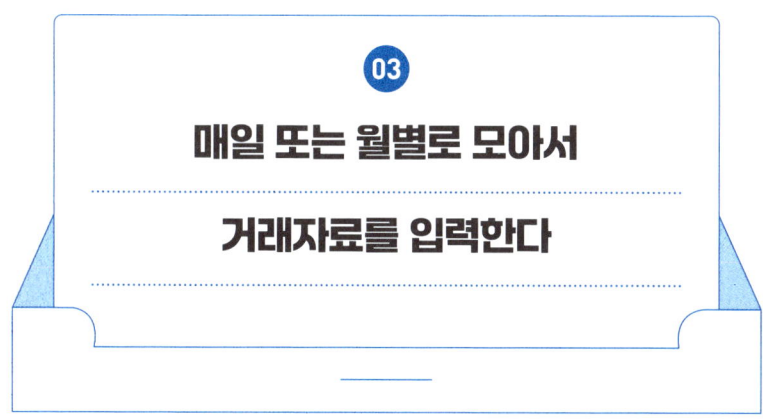

03

매일 또는 월별로 모아서

거래자료를 입력한다

본격적인 회계작업은 거래자료 입력부터 시작됩니다. 더존프로그램에서 회계자료 입력은 매입매출전표와 일반전표 두 곳에서 이루어집니다.

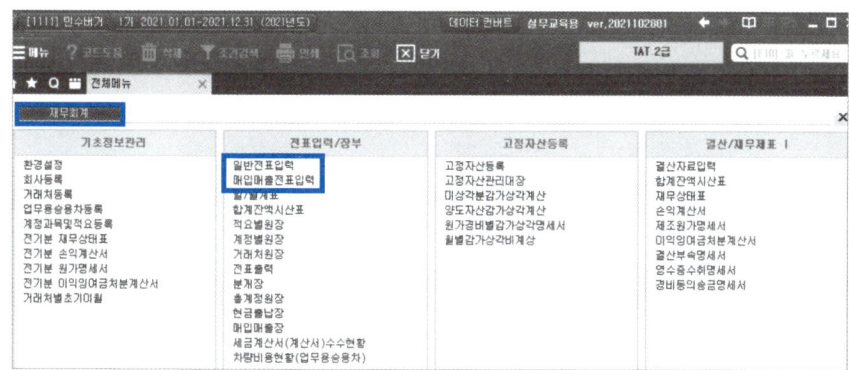

매입매출전표는 매입거래와 매출거래를 입력하는 곳으로 대분의 거래가 이에 해당합니다. 즉, 재화·용역을 매입하거나 매출한 경우로서 여기서 매입은 부가가치세를 내야 하는 모든 지출거래(자산취득거래는 물론 비용·지출거래를 포함)를 의미합니다.

일반전표는 매입매출거래 이외의 거래를 입력하는 곳으로 은행거래나 인건비 지급거래 등이 이에 해당합니다. 매입매출거래를 일반전표에 입력하거나 반대로 일반거래를 매입매출전표에 입력했다고 해서 문제가 생기는 것은 아니며 이는 단지 작업을 보다 쉽게하기 위한 것입니다.

매입매출은 부가가치세를 수반하는 정형화된 거래이므로 프로그램에서 분개가 다음과 같이 자동으로 세팅(매입거래는 (차)상품과 부가가치세대급금, 매출거래는 (대)상품매출과 부가가치세예수금)돼 있어 이를 제외한 나머지 과목과 금액만 입력하면 됩니다.

(매입·과세거래 선택시)

| (차) 상품 | ××× ← 해당거래 내용에 맞춰 수정 | (대) ○○○ |
| 부가세대급금 | ××× | |

▲ 대변의 대금지급방법은 분개란을 클릭해서 선택
 · 현금(1번) - 대변에 현금(출금)으로 자동분개됨
 · 외상(2번) - 대변에 외상매입금으로 자동분개됨
 · 혼합(3번) - 대변과목을 직접 입력해야 함
 · 카드(4번) - 대변에 미지급금으로 자동분개됨

회계상식

(매출·과세거래 선택시)

(차) ○○○　　　해당거래 내용에 맞춰 수정 → **(대) 상품매출**　　　　×××

　　　　　　　　　　　　　　　　　　　　　　　부가세예수금　　　　×××

▲ 차변의 대금회수방법은 분개란을 클릭해서 선택
　・ 현금(1번) - 차변에 현금(입금)으로 자동분개됨
　・ 외상(2번) - 차변에 외상매출금으로 자동분개됨
　・ 혼합(3번) - 차변과목을 직접 입력해야 함
　・ 카드(4번) - 차변에 미수금으로 자동분개됨

　　지금부터 앞(188쪽부터)에 나왔던 민수버거의 거래를 프로그램으로 입력해 보겠습니다.

(1) 식자재 매입거래

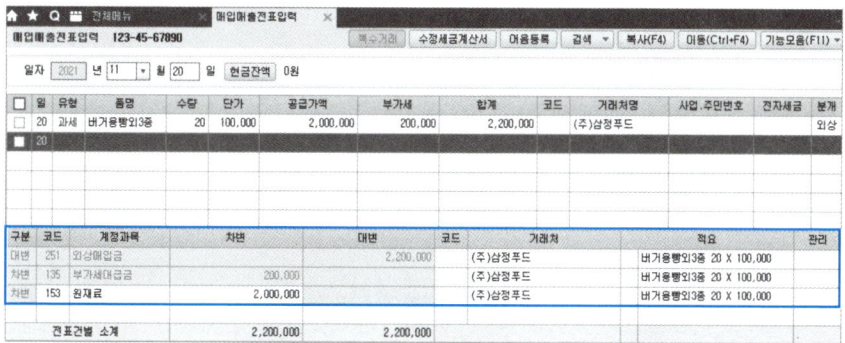

● 매입매출전표 메뉴 → 일자입력, 유형에서 과세매입 클릭, 품명 및 수량 단가입력 → 분개란에서 외상클릭 → 하단의 분개확인 후 바르게 수정(매입거래는 상품으로 자동분개되므로 원재료로 수정하면 됨)
● 화면의 하단에 나오는 분개의 모습을 확인해서 이상이 없으면 넘어가면 됩니다.

(2) 머그컵 매입거래

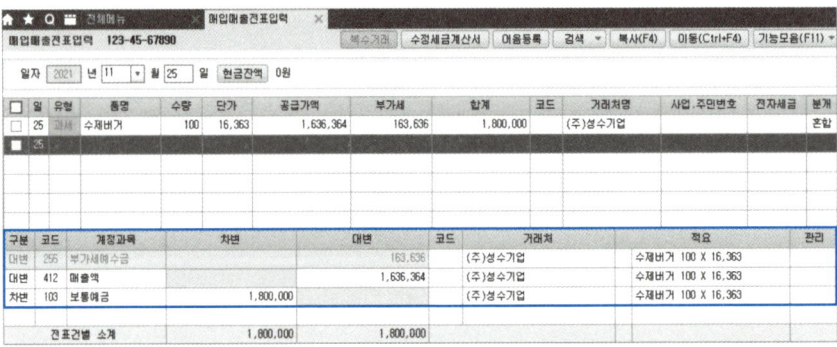

● 매입매출전표 메뉴 → 일자입력, 유형에서 과세매입 클릭, 품명 및 수량 단가입력 → 분개란에서 혼합클릭 → 하단의 분개확인 후 바르게 수정(매입거래는 상품으로 자동분개되는데 상품매입이므로 수정이 불필요함) → 대변(하단의 전표구분에서 4번을 선택) 클릭 후 보통예금과 금액을 입력

(3) 매출거래

● 매입매출전표 메뉴 → 일자입력, 유형에서 과세매출 클릭, 품명 및 수량 단가입력 → 분개란에서 혼합클릭 → 하단의 분개확인 후 바르게 수정(매출거래는 상품매출로 자동분개되므로 매출액(412번)으로 수정) → 차변(하단의 전표구분에서 3번을 선택) 클릭 후 보통예금과 금액을 입력

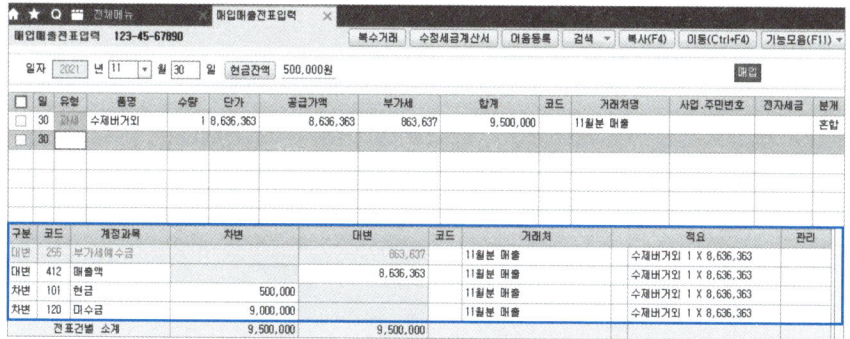

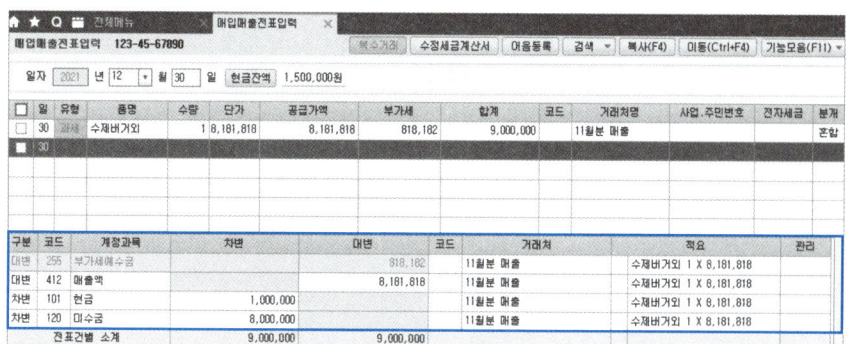

● 입력방법은 앞의 경우와 동일합니다.

(4) 인건비 지급거래

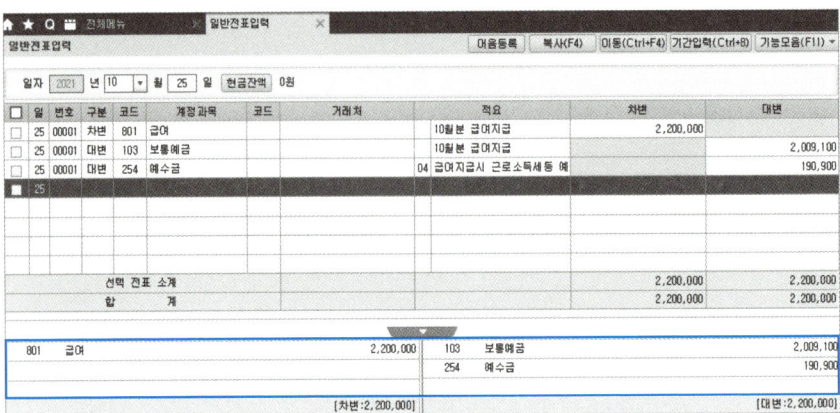

- 일반전표 메뉴 → 일자입력, 3번(차변) 클릭, 계정과목 입력 → 적요(거래내용)입력 → 금액입력 → 밑의 줄에 4번(대변)클릭, 계정과목 입력 → 금액입력 → 하단의 분개결과가 맞는지 확인

- 적요는 거래내용을 의미하는데 적요란의 앞칸을 클릭해서 밑에 나오는 거래예시 중 해당되는 번호를 선택해서 클릭하면 됩니다. 적당한 예시가 없을 경우에는 직접 입력하면 됩니다. 단, 분개만으로도 거래내용을 충분히 알 수 있다면 적요를 꼭 넣을 필요는 없습니다.

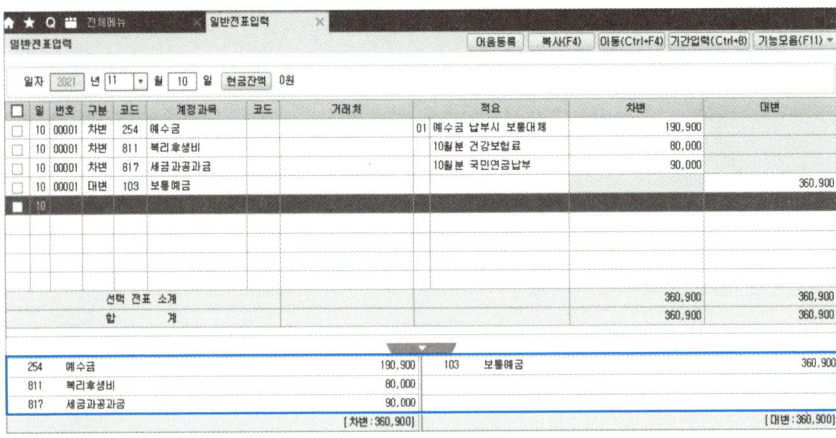

회계상식

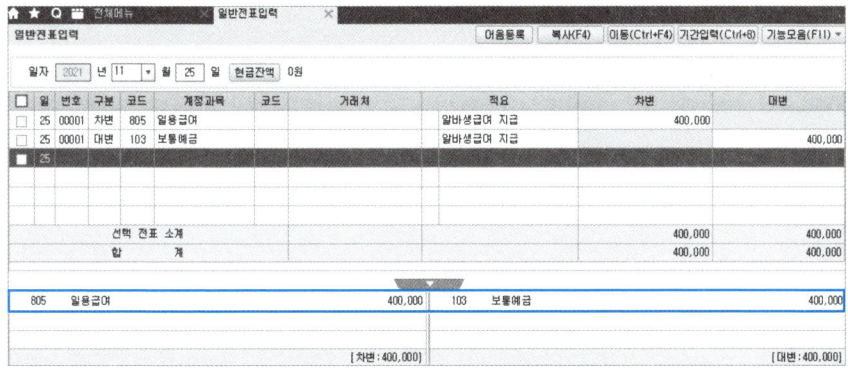

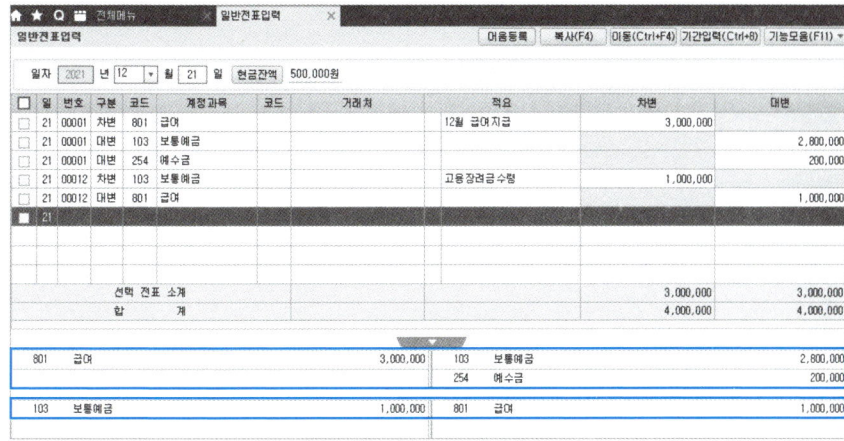

(5) 회식비 등 지출거래

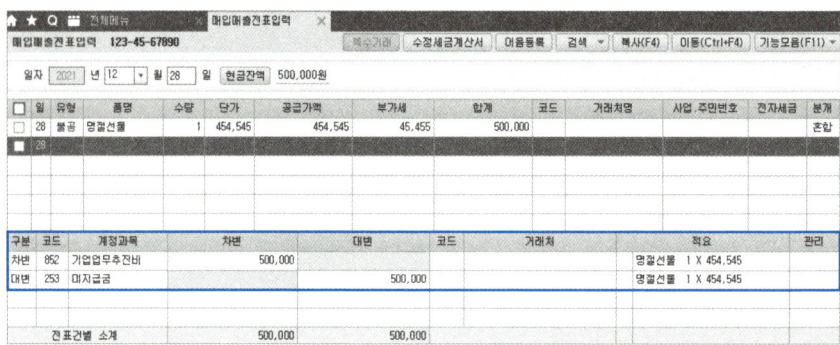

□	일	유형	품명	수량	단가	공급가액	부가세	합계	코드	거래처명	사업.주민번호	전자세금	분개
□	25	과세	회식비	1	181,818	181,818	18,182	200,000					혼합
■	25												

구분	코드	계정과목	차변	대변	코드	거래처	적요	관리
차변	135	부가세대급금	18,182				회식비 1 X 181,818	
차변	811	복리후생비	181,818				회식비 1 X 181,818	
대변	103	보통예금		200,000			회식비 1 X 181,818	
		전표건별 소계	200,000	200,000				

- 매입매출전표 메뉴 → 일자입력, 유형에서 과세매입 클릭, 품명 및 수량 단가입력 → 분개란에 혼합 클릭 → 하단의 분개확인 후 바르게 수정(매입거래는 상품으로 자동분개되므로 복리후생비로 수정) → 대 변(하단의 전표구분에서 4번을 선택) 클릭 후 보통예금과 금액을 입력

□	일	유형	품명	수량	단가	공급가액	부가세	합계	코드	거래처명	사업.주민번호	전자세금	분개
□	28	불공	명절선물	1	454,545	454,545	45,455	500,000					혼합
■	28												

구분	코드	계정과목	차변	대변	코드	거래처	적요	관리
차변	852	기업업무추진비	500,000				명절선물 1 X 454,545	
대변	253	미지급금		500,000			명절선물 1 X 454,545	
		전표건별 소계	500,000	500,000				

- 기업업무추진비와 승용차관련 지출은 부가가치세매입세액이 공제되지 않으므로 유형에서 매입불 공(부가가치세 불공제)을 선택해야 합니다. 그러면 기업업무추진비 등에 부가가치세가 포함된 금액 으로 찍힙니다.

회계상식

(6) 각종 일반비용 지출거래(부가가치세가 있는 것은 매입매출전표에, 그 외의 거래는 일반전표에 입력)

	일	유형	품명	수량	단가	공급가액	부가세	합계	코드	거래처명	사업.주민번호	전자세금	분개
	29	불공	승용차유류대	1	136,364	136,364	13,636	150,000					혼합
	29	과세	임차료	1	1,500,000	1,500,000	150,000	1,650,000		(주)상일빌딩			혼합
	29												

구분	코드	계정과목	차변	대변	코드	거래처	적요	관리
차변	822	차량유지비	150,000				승용차유류대 1 X 136,364	
대변	253	미지급금		150,000			승용차유류대 1 X 136,364	

		전표건별 소계	150,000	150,000				
구분	코드	계정과목	차변	대변	코드	거래처	적요	관리
차변	135	부가세대급금	150,000			(주)상일빌딩	임차료 1 X 1,500,000	
차변	819	임차료	1,500,000			(주)상일빌딩	임차료 1 X 1,500,000	
대변	103	보통예금		1,650,000		(주)상일빌딩	임차료 1 X 1,500,000	

| | | 전표건별 소계 | 1,650,000 | 1,650,000 | | | | |

● 매입매출전표 메뉴 → 일자입력, 매입불공(부가가치세불공제) 클릭, 품명 및 수량 단가입력 → 분개란에 혼합클릭 → 하단의 분개확인 후 바르게 수정(매입거래는 상품으로 자동분개되므로 차량유지비로 수정) → 대변클릭 후 미지급금과 금액입력

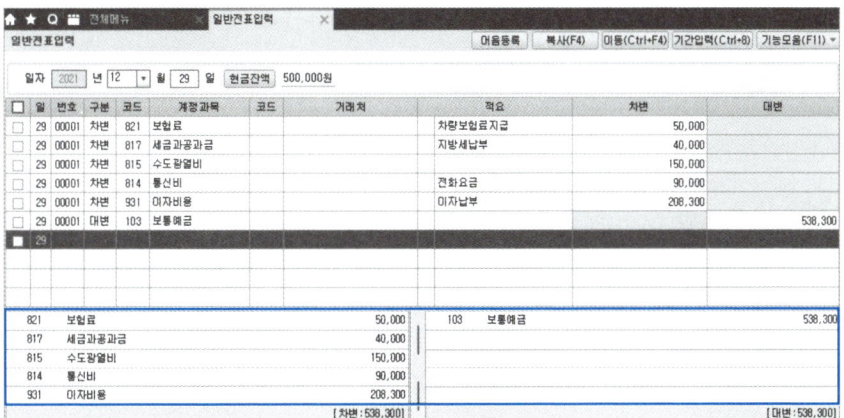

(7) 자금거래

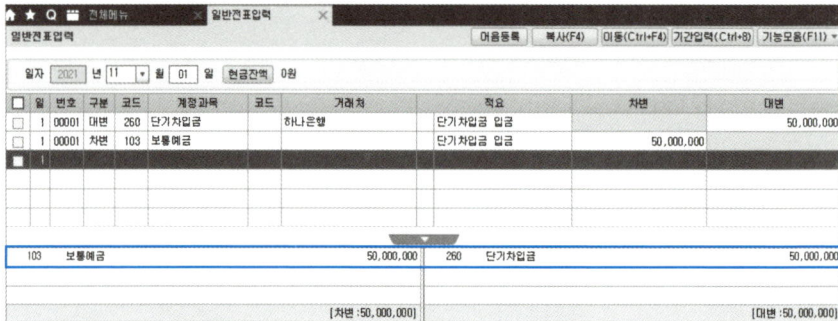

● 일반전표 메뉴 → 일자입력, 3번(차변) 클릭, 계정과목(보통예금) 입력 → 적요(거래내용)입력 → 금액
입력 → 밑의 줄에 4번(대변)클릭, 계정과목(단기차입금) 입력 → 금액입력 → 하단의 분개결과가 맞
는지 확인

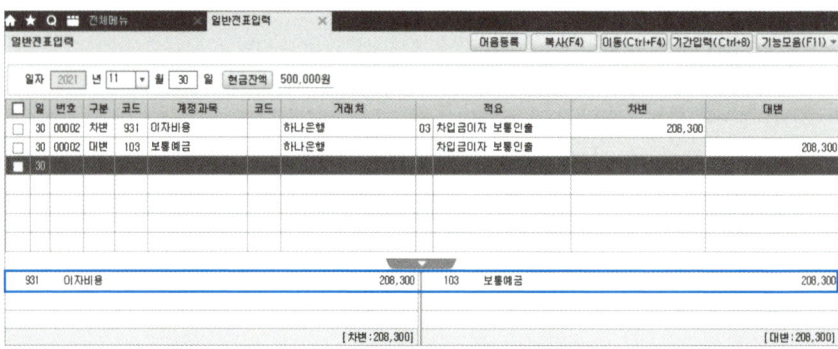

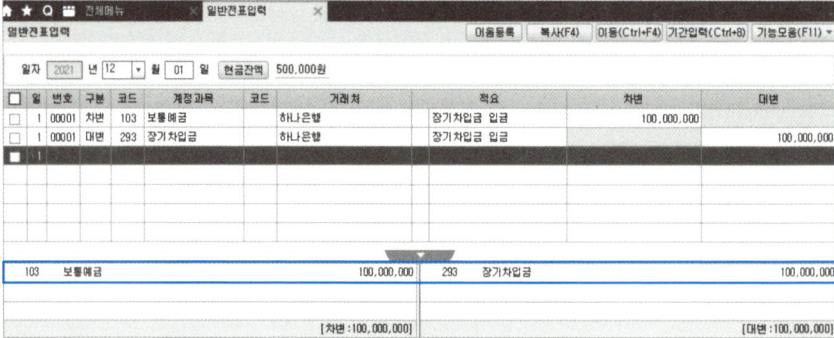

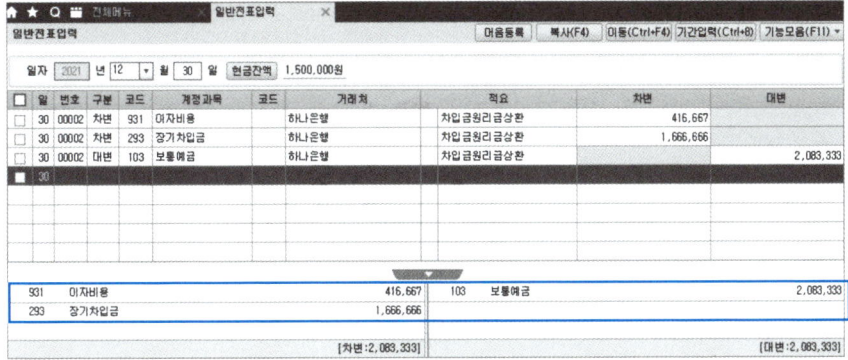

(8) 자산 취득 및 매각거래

· 자산취득거래

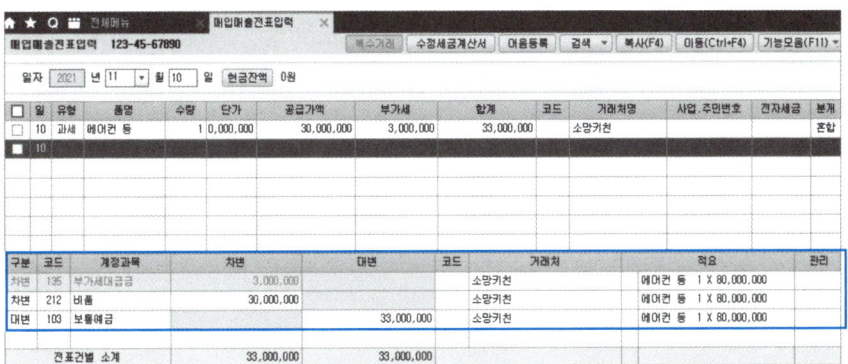

● 매입매출전표 메뉴 → 일자입력, 유형에서 과세매입 클릭, 품명 및 수량 단가입력 → 분개란에서 혼
합클릭 → 하단의 분개확인 후 바르게 수정(매입거래는 상품으로 자동분개되므로 비품으로 수정) → 대변
클릭후 보통예금과 금액을 입력

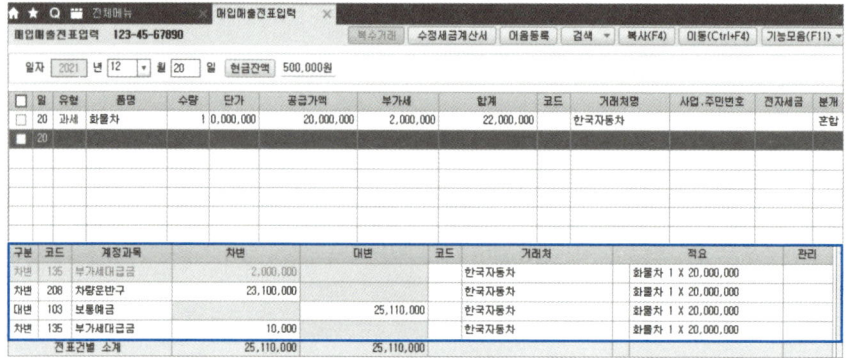

● 차량운반구의 취득금액에 등록비(300만 원)와 탁송비(10만 원)를 합산하고 탁송비관련 부가세매입세액(1만 원)을 따로 입력하면 됩니다.

·자산처분거래

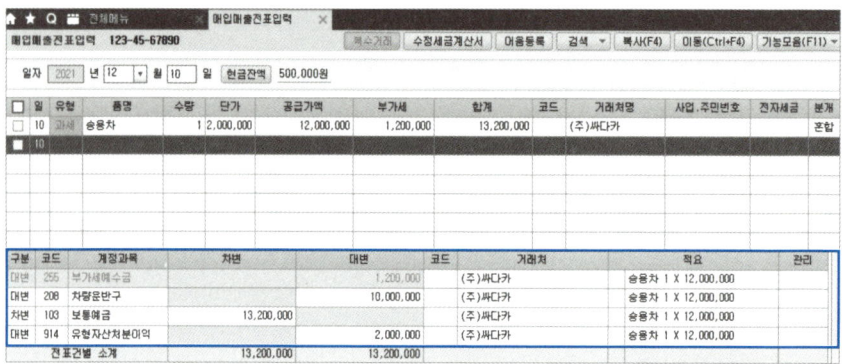

● 매입매출전표 메뉴 → 일자입력, 유형에서 과세매출 클릭, 품명 및 수량 단가입력 → 분개란에서 혼합클릭 → 하단의 분개확인 후 바르게 수정(매출거래는 상품매출로 자동분개되므로 차량운반구로 수정하고 차변을 클릭 후 보통예금 입력, 차액을 유형자산처분이익으로 입력)

합계잔액시산표를 조회해서
사업상황을 수시로 점검한다

거래자료를 입력하고 나면 민수버거의 결산전 합계잔액시산표가 다음과 같이 조회됩니다(236쪽 참고). 이를 통해 수시로 사업상황을 파악할 수 있으며 실시간으로 현재까지 누적매출과 비용항목별 금액을 체크할 수 있습니다.

매월말, 적어도 매 분기말 기준으로 합계잔액시산표를 조회해서 현재의 사업운영상황을 점검하고 문제점이 발견될 경우 미리 대비해야 합니다. 그런데 회계업무를 위탁하는 경우에는 이런 자료를 직접 들여다보기도 어렵지만 세무회계사무소에서는 작업효율을 위해 수개월 단위로 모아서 회계작업을 하다보니 실시간 조회가 불가능합니다. 이런 이유 때문에 거래건수가 많지 않다면 직접 회계를 하는 것이 바람직합니다.

| 합계잔액 시산표 |

차 변			계 정 과 목	대 변		
잔 액	합 계			합 계	잔 액	
153,518,249	222,978,182		◀유 동 자 산▶	69,459,933		
144,518,249	213,978,182		◁당 좌 자 산▷	69,459,933		
1,500,000	1,500,000		현 금			
120,540,067	190,000,000		보 통 예 금	69,459,933		
17,000,000	17,000,000		미 수 금			
5,478,182	5,478,182		부 가 세 대 급 금			
9,000,000	9,000,000		◁재 고 자 산▷			
1,000,000	1,000,000		상 품			
8,000,000	8,000,000		원 재 료			
113,100,000	123,100,000		◀비 유 동 자 산▶	10,000,000		
113,100,000	123,100,000		◁유 형 자 산▷	10,000,000		
23,100,000	33,100,000		차 량 운 반 구	10,000,000		
90,000,000	90,000,000		비 품			
	190,900		◀유 동 부 채▶	56,286,355	56,095,455	
			외 상 매 입 금	2,200,000	2,200,000	
			미 지 급 금	650,000	650,000	
	190,900		예 수 금	390,900	200,000	
			부 가 세 예 수 금	3,045,455	3,045,455	
			단 기 차 입 금	50,000,000	50,000,000	
	1,666,666		◀비 유 동 부 채▶	100,000,000	98,333,334	
	1,666,666		장 기 차 입 금	100,000,000	98,333,334	
			◀자 본 금▶	100,000,000	100,000,000	
			자 본 금	100,000,000	100,000,000	
			◀매 출▶	18,454,545	18,454,545	
			매 출 액	18,454,545	18,454,545	
7,431,818	8,431,818		◀판 매 관 리 비▶	1,000,000		
4,200,000	5,200,000		급 여	1,000,000		
400,000	400,000		일 용 급 여			
261,818	261,818		복 리 후 생 비			
90,000	90,000		통 신 비			
150,000	150,000		수 도 광 열 비			
130,000	130,000		세 금 과 공 과 금			
1,500,000	1,500,000		임 차 료			
50,000	50,000		보 험 료			
150,000	150,000		차 량 유 지 비			
500,000	500,000		기 업 업 무 추 진 비			
			◀영 업 외 수 익▶	2,000,000	2,000,000	
			유 형 자 산 처 분 이 익	2,000,000	2,000,000	
833,267	833,267		◀영 업 외 비 용▶			
833,267	833,267		이 자 비 용			
274,883,334	357,200,833		합 계	357,200,833	274,883,334	

● 시산표에서는 합계금액이 아닌 잔액을 확인해야 합니다. 합계는 지금까지 거래된 계정과목별 누적 금액일 뿐이므로 현재 잔액이 보다 더 의미있는 숫자입니다. 민수버거의 보통예금은 차변에서 지 금까지 증가(입금)된 누적금액이 190,000,000원이고 대변에서 감소(출금)된 금액이 69,459,933 원이므로 현재 잔액은 120,540,067원입니다. 아울러 장기차입금은 대변에서 100,000,000원이 증가(차입)했지만 차변에서 1,666,666원이 감소(상환)해서 현재 잔액이 98,333,334원입니다.

● **현금**

보유 중인 현금잔고가 얼마인지 확인합니다.

● **보통예금**

현재 인출가능한 예금잔액이 충분한지 확인합니다. 매월 나가는 인건비·임차료·매입비용의 일정부분을 커버할수 있어야 합니다.

● **외상매출금(미수금)**

거래처로부터 미회수된 채권이 너무 많지 않은지 점검합니다.

● **재고자산**

전기말 재고를 포함해서 현재까지 매입된 총재고를 의미하며, 당기 중에 사용된 원재료와 판매된 상품·제품이 차감되지 않은 금액입니다. 보유하고 있는 재고수준이 적정한지 체크합니다.

● **외상매입금**

2~3개월 이내에 거래처에 지급할 돈이므로 미리 준비해야 합니다.

● **부가가치세예수금**

부가가치세대급금을 차감한 금액만큼을 납부해야 하므로 미리 준비해야 합니다.

● **단기(장기)차입금**

은행 빚이므로 너무 과다하지 않도록 관리해야 합니다.

● **매출액**

현재까지의 누적매출로서 지난달, 지난해와 비교해 어느 정도 수준인지 확인합니다.

● **인건비 등 판매관리비**

현재까지의 누적지출액으로 지난달, 지난해와 비교해 특별히 증가한 항목은 없는지 체크합니다. 특히 임직원 숫자에 비해 과다한 복리후생비와 업종특성 및 매출규모에 비해 과다한 기업업무추진비는 세무상으로 문제가 될 수 있으므로 사용금액을 통제하고 관리해야 합니다.

결산작업으로
재무제표를 완성한다

지금까지 전산에 입력한 회계자료는 모두 증빙을 토대로 한 것이었습니다. 매일 매일의 거래 결과를 증빙으로 확인하고 이를 전산에 입력하여 합계잔액시산표도 조회할 수 있었습니다.

하지만 지금 보고있는 시산표는 결산을 하기 전의 모습으로 이 숫자가 재무제표에 바로 들어가지는 못합니다. 왜냐하면 결산전 시산표에 나오는 원재료나 상품은 기초재고를 포함한 매입액인데, 이 금액에는 당기 중에 사용하거나 매출한 금액(매출원가)이 그대로 포함되어 있기 때문입니다.

아울러 유형자산에 대해 당기분 감가상각비도 반영하지 않았습니다. 시산표는 **결산 전 시산표**와 **결산 후 시산표**로 나눠지는데, 결산 후 시산표가 최종시산표입니다.

혼히 말하는 결산작업은 결산 전 시산표에 이런 결산 수정사항을 반영하여 손익을 확정하는 절차인데, 결산작업을 어떻게 하느냐에 따라 사업체의 순이익과 재무상태는 얼마든지 달라지게 됩니다. 그런데 결산작업에 필요한 자료는 외부와 거래한 것이 아니기 때문에 누구로부터도 제공받지 못하며 사업체에서 스스로 계산하고 입력해야 합니다. 결산작업의 대부분은 발생주의에 따라 손익을 수정하는 것이므로 연도 중에 발생한 거래를 입력하는 것 못지않게 매우 중요합니다.

중소사업체에서 결산할 때 꼭 해야 할 것을 정리하면 다음과 같습니다.

❶ 재고조사를 통한 매출원가 확정
❷ 감가상각비 반영
❸ 미수수익과 선급비용 등 발생주의에 따른 손익수정
❹ 가지급금·가수금 등 임시계정 정리
❺ 유가증권 시가평가
❻ 채권금액에 대한 대손충당금 반영
❼ 퇴직금비용과 부채반영
❽ 법인세비용 반영

다만, 재무회계기준과 달리 세법은 당기에 확정된 손익만을 가지고 세금을 계산하기 때문에 결산과정에서 미확정된 손익(자산평가손익, 손상차손, 충당금비용 등)을 포함시키면 소득세나 법인세 신고시 이를 다시 수정(세무조정이라고 함)해야 하는 번거로움이 있습니다.

따라서 외부감사대상이 아니어서 회계기준을 꼭 준수할 필요가 없는 중소사업체 또는 중소사업체의 장부기장을 대리하는 세무회계사무소에서는 결산시 이런 부분을 아예 반영하지 않는 것이 일반적입니다. 그러므로 지금부터 설명하는 결산수정사항 중 꼭 필요한 항목만 선택해서 반영하면 됩니다.

매출원가를 확정하기 위해서 기말에 남아 있는 재고자산이 얼마인지 평가한다

재고자산이 없는 사업체는 회계 자체가 간단할 정도로 재고자산은 매우 복잡합니다. 입출고될 때마다 물량을 체크하고 관리하는 것도 어렵거니와 매번 들어오고 나갈 때마다 수불기록을 따로 해야 하기 때문입니다.

결산시 재고자산과 관련된 핵심과제는 당기 중에 팔린 원가, 즉 매출원가를 계산하는 것입니다. 매출원가는 손익계산서의 비용 중에서 금액적으로 가장 큰 비중을 차지하므로 그 금액이 회사의 손익을 좌우하는 결정적인 변수에 해당합니다.

그런데 재고자산의 종류도 다양한데다, 동일한 재고자산도 매입할 때마다 매입원가가 각각 다르기 때문에 매출할 때마다 일일이 그 원가를 확인해서 매출원가를 반영하기가 어렵습니다.

그래서 회계에서는 매출원가를 매출할 때마다 일일이 계산하지 않고 기말 현재 미판매된 재고자산을 금액적으로 평가한 후 나머지 금액을 모두 매출원가로 한꺼번에 반영합니다. 따라서 매출원가는 다음과 같이 계산됩니다.

- 상품매출원가
    = (기초재고액(전기말재고액) + 당기매입액) - 기말재고액
- 제품매출원가
    = (기초재고액(전기말재고액) + 당기제조원가) - 기말재고액

여기서 기말재고금액은 기말재고수량에 단가를 곱한 것입니다. 즉, 기말재고수량을 먼저 확인해야 하는데 재고수불부를 유지하고 있는 사업체의 경우 수불부에 나타난 재고수량을 의미합니다.

단, 재고자산은 그 자체가 돈과 같으므로 관리를 위해서는 수불부상의 수량과 실제 수량이 일치하는지를 적어도 1년에 한 번, 결산 시에는 확인을 해야 합니다. 이 경우 만약 장부상 수량과 실제 수량에 차이가 있다면 기말재고는 당연히 실제수량에 따라서 평가해야 하며 그에 따른 손실(재고자산감모손실로서 없어진 수량에 대한 원가금액을 의미함)은 자동적으로 매출원가에 포함됩니다.

회계상식

수량이 확인됐다면 그 수량에 매입단가를 곱하면 되는데, 이때 어떤 단가를 적용할 것인지가 고민입니다. 매입시점마다 단가가 다 틀린데, 그중 어떤 단가를 기말재고수량에 적용하느냐에 따라 기말 재고금액과 매출원가가 달라지고 손익도 달라지기 때문입니다.

가장 바람직한 것은 기말재고수량에 대해 하나하나 매입단가를 확인해서 적용하는 개별법이지만 대부분 사업체의 경우 재고자산 의 입출고빈도가 너무 잦아서 실무적으로는 이를 적용하기가 매우 어렵습니다.

따라서 다음과 같이 물량흐름에 대한 일정한 기준을 정해놓고 그 기준에 따라 매출원가를 계산하는데 이를 **재고자산평가방법**이 라고 합니다.

● **선입선출법**

먼저 들어온 재고부터 순서대로 팔거나 사용한다고 가정합 니다.

● **후입선출법**

나중에 들어온 재고부터 역순서대로 팔거나 사용한다고 가정 합니다.

● **총평균법**

전체 기간의 평균단가를 계산하여 그 단가로 기말재고금액과 매출원가를 계산하는 방법입니다.

지금부터 각 방법의 차이를 예를 들어 살펴보겠습니다. 어떤 상품의 매입 및 매출상황이 다음과 같을 경우 매출원가를 3가지 방법으로 각각 계산해 보겠습니다.

| 상품 수불부 |

일자	적요	수량(박스)	매입단가	금액
1.1	기초재고	100	@100	10,000
2.3	매입	70	@120	8,400
3.4	매출	50		
4.5	매입	30	@220	6,600
7.5	매출	50		
10.6	매출	50		
12.31	기말재고	50		25,000

(1) 선입선출법

먼저 들어온 상품부터 순서대로 팔려 나간다고 가정합니다. 따라서 기말재고는 가장 최근에 매입된 단가부터 역으로 적용하면 됩니다.

- 기말재고 = (30박스 × @220) + (20박스 × @120) = 9,000원
- 매출원가 = (기초재고액 + 당기매입액) – 기말재고액
  = (10,000원 + 8,400원 + 6,600원) – 9,000원
  = 16,000원

(2) 후입선출법

나중에 들어온 상품부터 순서대로 팔려 나간다고 가정합니다. 따라서 기말재고는 당연히 과거의 오래된 것이 남았다고 보는 것이므로 기말재고수량 50개는 모두 기초에 있던 100개 중에서 남은 것으로 간주합니다.

- 기말재고 = 50박스 × @100 = 5,000원
- 매출원가 = (기초재고액 + 당기매입액) – 기말재고액
  = (10,000원 + 8,400원 + 6,600원) – 5,000원
  = 20,000원

(3) 총평균법

전체 물량에 대한 평균매입단가를 적용하여 매출원가를 계산하는 방법입니다. 앞서 살펴본 선입선출법이나 후입선출법은 가장 최근에 매입된 물량이나 가장 오래 전에 매입한 물량이 기말재고로 남아있다는 매우 극단적인 가정을 하는 것입니다.

이에 반해 총평균법은 기초재고와 당기 중에 매입된 전체 재고자산의 평균단가를 계산하여 이를 토대로 기말재고와 매출원가를 산정하는 방법입니다. 즉, 기초재고를 포함한 총매입원가 25,000원을 총매입수량 200박스로 나누면 평균매입단가는 125원이며, 이 평균단가로 기말재고와 매출원가를 산정하는 방법입니다.

> - 기말재고 = 50박스 × 125원 = 6,250원
> - 매출원가 = 150박스 × 125원 = 18,750원

3가지 방법은 가정의 차이일 뿐 가장 좋은 방법이라는 것은 없습니다. 다만, 인플레이션에 따른 가격변동의 영향이 손익에 미치는 영향을 제거하기 위해서는 선입선출법이나 후입선출법과 같은 극단적인 가정법보다는 총평균법이 가장 무난하고 계산방법도 간단합니다. 단, 평가방법에 따라 매출원가와 순이익이 달라지므로 매년 동일한 방법을 계속 사용해야 합니다. 아울러 세법에서는 재고자산 평가방법을 사전에 신고받고 만약 신고한대로 평가하지 않거나, 특히 낮게 평가한 경우에는 그 차액을 과세하는 등 불이익을 주고 있습니다.

그런데 중소사업체의 경우 대부분 재고자산에 대한 수불기록 등이 미비하다보니 기말재고를 정확하게 평가하지 않고 대략적인 감으로 평가하는 경우가 많습니다. 그 이유는 정확한 재고평가를

위한 내부시스템이나 인력이 부족한데다, 설사 기말재고가 다소 잘못 평가됐다고 하더라도 다음 해에는 자동으로 조정(클리어)되기 때문입니다.

예를 들어 금년도 기말재고가 2,000만 원 높게 평가됐다면 금년에는 그로 인해 매출원가가 2,000만 원 적어져서 순이익이 많아집니다. 하지만 내년에는 기초재고가 2,000만 원 많아져서 매출원가가 오히려 많아지고 순이익은 적어집니다. 결국 두 해가 지나면서 손익에 미치는 영향이 자동적으로 상쇄되어 없어지게 됩니다.

| 기말재고자산의 평가결과에 따라 손익이 달라진다 |

상품(4기)

| 기초재고액 | 매출원가 |
| 당기매입액 | 기말재고액 |

상품(5기)

| 기초재고액 | 매출원가 |
| 당기매입액 | 기말재고액 |

이익 이익

▲ 기말재고를 과대평가함으로써 당기의 매출원가가 적어져서 이익이 많아졌지만, 기말재고액은 다음 연도의 기초재고액이 되므로 다음 연도에는 과대평가된 기초재고액만큼 매출원가가 많아져서 이익이 적어집니다.

또한 음식점업처럼 그날그날 재고를 소진해서 재고자산이 거의 남지 않는 경우에는 원재료 등을 매입할 때 아예 원재료비(비용)로 처리한 후 결산일에 보유 중인 미사용재고를 원재료비(비용)에서 원재료(자산)로 대체시키는 것이 더 편리할 수도 있습니다.

특히 국세청에서는 사업자의 매출원가율(매출원가 ÷ 매출액)이 지나치게 높지 않은지 주목하므로 그에 맞춰 매출액의 일정비율로 매출원가를 계산해서 표시하는 경우가 많습니다. 이런 경우에는 기말재고평가에 의해 매출원가가 계산되는 것이 아니라 거꾸로 매출원가에 의해 기말재고가 산정되는 구조인데, 원칙적으로는 올바른 방식이 아니며 단지 실무적인 편의만을 고려한 방법입니다.

아울러 장기간 판매되지 않는 등 정상가로 판매가 불가능한 부실재고는 장부가액에서 예상판매가격을 뺀 만큼을 **재고자산평가손실**로 반영해야 합니다.

예를 들어 어떤 상품의 장부상 금액이 1,000만 원(총평균법으로 평가)인데 예상 판매가격이 800만 원이라면 재고자산평가손실은 200만 원이 됩니다. 이 경우 기말재고금액을 800만 원으로 낮춰 잡으면 그만큼 매출원가가 많아지게 됩니다.

그런데 평가손실 자체가 주관적이고 추정에 따른 미확정손실이므로 세법에서는 이를 경비로 인정하지 않습니다. 따라서 대부분 중소사업체에서는 결산할 때 재고자산평가손실을 아예 반영하지 않습니다.

회계상식

다만, 세법에서도 파손·부패·변질 등으로 재고자산의 가치손상이 객관적으로 명확한 경우에는 그에 따른 평가손실을 비용으로 인정합니다. 따라서 이런 경우에는 손상된 자산의 모습을 찍은 사진 등을 증빙으로 삼아 가치가 손상된 금액을 기말재고자산금액에서 차감하여 매출원가에 포함시켜도 됩니다.

유형(무형)자산의 감가상각비를 계상한다

(1) 감가상각의 의미

유형자산은 사업활동과정에서 장기간에 걸쳐 사용하기 위한 목적으로 보유하는 자산입니다. 즉, 사업체는 유형자산을 장기간동안 사용하고 이를 통해 매년 수익을 얻게 됩니다. 그러므로 유형자산을 취득하는 데 소요된 취득원가금액은 취득한 한 해의 비용이 아니라 그것을 사용하여 수익을 얻는 기간 동안의 비용으로 보는 것이 타당합니다.

이와 같이 유형자산의 취득원가금액을 그로부터 효익을 얻을 것으로 기대되는 기간에 걸쳐서 매기에 일정한 방법에 의해 비용으로 배분하는 절차를 감가상각이라고 하고, 매 연도마다 비용으로 배분된 금액을 **감가상각비**라고 합니다. 다만, 영원히 가치가 소멸하지 않는 토지는 감가상각비를 계상하지 않습니다.

(2) 감가상각비의 계산요소

감가상각은 유형자산의 취득원가금액에서 잔존가치를 차감한 금액(이를 상각대상금액이라고 함)을 추정내용연수 동안에 걸쳐서 매년 배분하는 것이므로 감가상각비의 계산을 위해서는 ①취득원가 ② 추정내용연수 ③추정잔존가치 ④감가상각방법이 결정돼야 합니다. 그런데 취득원가는 이미 장부에 나타나 있지만 내용연수와 잔존가치를 추정해야 하는 것이 문제입니다.

(3) 추정내용연수와 추정잔존가치

내용연수는 해당 유형자산을 사용할 수 있을 것으로 예상되는 기간으로서 감가상각비를 배분하는 대상기간을 의미합니다. 잔존가치는 내용연수 종료시 해당 유형자산을 처분해서 받을 수 있는 금액을 의미합니다. 따라서 잔존가치는 미래에 다시 회수가 가능한 금액이므로 상각대상금액에서 제외돼야 합니다.

내용연수와 잔존가치는 각 연도마다 배분될 감가상각비의 크기를 결정하는 것이므로 회계기준에서는 이를 객관적이고 합리적인 근거에 따라 유형자산을 사용하는 사업체에서 스스로 추정하도록 하고 있습니다.

그런데 세법에서는 자산별 내용연수와 잔존가치를 일률적으로 정해 놓고 있기 때문에 만약 세법과 다른 내용연수와 잔존가치를 적용해서 감가상각비를 계산했다면 소득세나 법인세 신고시 이를 다시 세법기준에 맞춰 수정(세무조정)해야 하는 번거로움이 따릅니다.

그래서 회계기준의 〈중소기업회계처리특례〉에서는 "중소기업은 세법기준대로 감가상각비를 계산해도 무방하다"고 정하고 있습니다. 따라서 외부감사 대상이든 아니든 모든 중소기업은 내용연수와 잔존가치를 추정하지 않고 세법에 정해진 대로 해도 됩니다.

한편, 법인세법에서는 유형자산의 잔존가치를 0으로 규정하여 취득원가의 100% 금액을 모두 감가상각할 수 있도록 하고 있습니다. 아울러 자산별 내용연수도 다음과 같이 규정하고 있으므로 이에 따라 감가상각비를 계산하면 됩니다.

| 유형자산의 기준내용연수 |

유형자산	기준내용연수
건물(연와조, 콘크리트조)	20년
건물(철골조, 철근콘크리트조)	40년
차량운반구, 공구, 기구비품	5년
선박, 항공기	12년
기계장치	업종별로 정해진 내용연수표에 따름

(4) 감가상각방법

감가상각방법에는 크게 정액법과 정률법이 있습니다. **정액법**은 상각대상금액을 내용연수에 걸쳐 매년 동일하게 배분하는 방식이므로 계산이 매우 간단합니다. 즉 취득원가에다 1/N(N은 내용연수)을 곱한 금액을 매년 상각하면 됩니다.

정률법은 취득원가에서 이미 감가상각이 이루어진 금액(감가상각누계액)을 차감한 장부금액에 상각률을 곱하는 방법입니다. 시간이 지날수록 감가상각으로 인해 유형자산의 장부금액은 적어지므로 정률법에 따른 감가상각비는 매년 감소될 수밖에 없습니다. 즉, 취득한 초기에는 상각비가 많지만 갈수록 줄어드는 방법입니다.

- 정액법 = 취득원가 × 상각율(1/내용연수)
- 정률법 = 장부가액(취득원가 - 감가상각누계액) × 상각율

예를 들어, 비품취득원가가 1,000만 원이고 내용연수가 5년인 경우 정액법과 정률법에서 매년 감가상각비는 다음과 같이 계산됩니다.

연도	정액법 (상각률 : 0.2)	정률법(상각률 : 0.45)			
		취득원가	감가상각비	감가상각누계액	장부가액
1	2,000,000	10,000,000	4,500,000	4,500,0000	5,500,000
2	2,000,000		2,475,000	6,975,000	3,025,000
3	2,000,000		1,361,250	8,336,250	1,663,750
4	2,000,000		748,687	9,084,937	915,063
5	1,999,000		914,063*	9,999,000	1,000

▲ 1,361,250원 = 3,025,000원 × 0.45

회계상식

* 정률법으로 상각할 때는 항상 마지막 연도에 취득원가의 5% 금액이 남게 되므로 마지막 연도에는 이를 포함하여 상각해야 합니다. 당초 계산상 금액은 415,063원(915,063원×0.45=411,778원인데 3,285원이 더 많은 것은 내용연수가 5년인 경우 정률법 상각률은 0.451이지만 표에서는 0.45로 계산함에 따라 매년 감가상각비가 적어졌기 때문임)이나, 500,000원(취득원가의 5%)을 가산하고 1,000원(내용연수가 다 지났지만 사용중인 자산에 대해 장부상 금액을 남겨두는 것(비망가액))을 차감한 금액을 상각한 것입니다.

| 정액법과 정률법의 차이 |

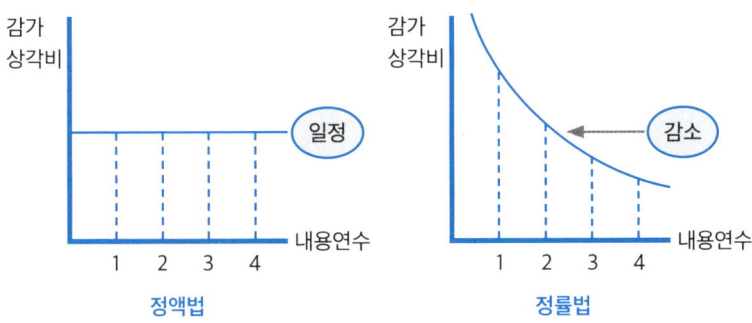

2가지 방법 중 유형자산의 취득에 들어간 원가를 빨리 회수하려면 정률법이 훨씬 낫습니다. 세금효과면에서도 정률법이 초기에 비용을 많이 넣어 세금을 적게 내므로 더 유리합니다.

그러나 세법에서는 건물과 승용차 그리고 무형자산은 정률법상각을 허용하지 않습니다. 따라서 대부분의 중소사업체에서는 세무조정의 번거로움을 피하기 위해 3가지 자산은 정액법으로 상각하고 나머지 자산은 정률법을 선택하고 있습니다. 이렇게 할 경우에는 세법규정에 따라 감가상각방법을 신고할 필요도 없습니다.

자산의 종류	신고한 경우	신고하지 않은 경우
건물, 승용차, 무형자산	정액법	정액법
건물과 승용차 이외의 유형자산	정액법 또는 정률법	정률법

　물론 정액법이든 정률법이든 전체 기간동안 상각하는 금액은 어차피 동일하므로 계산이 간편한 정액법으로 통일해서 사용해도 됩니다. 하지만 이런 경우에는 정액법을 적용할 나머지 자산의 감가상각방법을 국세청에 신고해야 합니다.

수익·비용 중 당해 연도 발생분이 아닌 것을
수정한다 (선급비용, 미지급비용, 미수수익, 선수수익 반영)

　회계상의 순이익은 반드시 현금기준이 아닌 발생기준으로 계산해야 합니다. 따라서 연도 중에 이미 지출이 있었다고 하더라도 올해 발생된 비용이 아니면 비용에서 제외시켜야(선급비용)하고, 비록 지출이 되지 않았더라도 올해 발생된 비용이라면 비용에 포함시켜야(미지급비용)합니다.

　수익도 마찬가지입니다. 받지 못했다고 하더라도 올해 발생된 수익이면 수익에 포함시켜야(미수수익)하고, 미리 받았지만 올해 발생된 수익이 아니라면 수익에서 제외시켜야(선수수익)합니다.

이 4가지 수정사항을 흔히 **손익보정**이라고 표현하는데, 모두 회계상의 손익을 발생주의로 수정하기 위한 계정과목입니다. 발생기준에 따른 정확한 손익계산을 위해서는 4가지를 모두 보정해야 합니다.

하지만 확정된 손익만 인정하는 세법에서는 아직 돈받을 권리가 없는 미수수익을 회계기준과는 달리 수익으로 보지 않습니다. 아울러 선급비용은 미리 준 것이라 세법에서 당기의 비용으로 인정하지 않습니다.

| 결산시 손익보정항목 |

항목	성격	의미	손익보정방법
미수수익	자산	발생된 수익인데 아직 못받음	당기 수익에 포함
선수수익	부채	당기 수익이 아닌데 미리 받음	당기 수익에서 제외
미지급비용	부채	발생된 비용인데 아직 지급하지 않음	당기 비용에 포함
선급비용	자산	당기 비용이 아닌데 미리 지급함	당기 비용에서 제외

따라서 중소사업체의 경우에는 세법기준에 따라 선급비용은 수정하되, 미수수익은 수정하지 않는 것이 편합니다. 아울러 선수수익과 미지급비용은 세법에서 인정되는데, 각각 수익에서 제외하고 비용에 추가하는 것이므로 보정하는 것이 세금면에서 유리합니다.

가지급금 및 가수금 등 임시계정을
적절한 계정으로 대체시킨다

가지급금과 가수금은 임시계정입니다. 사업체의 돈이 지출되면 차변에 자산이 증가하거나 비용이 발생하게 되는데, 증빙이 없거나 금액이 미확정이어서 잠시 처리해두는 곳이 **가지급금**이라는 자산입니다.

하지만 가지급금 계정은 연도 중에는 얼마든지 사용할 수 있지만 그 성격이 불분명하므로 결산시점에서는 반드시 클리어시켜야 합니다. 즉, 재무상태표에는 가지급금을 표시해서는 안되며 사용된 자금의 용처에 맞춰서 해당 계정과목으로 대체시켜야 합니다. 대표이사가 가져간 돈이라면 단기대여금으로, 특정비용이 누락된 것이라면 해당 비용계정으로 대체해서 가지급금을 반드시 정리해야 합니다.

이와 반대로 **가수금**은 사업체로 들어온 돈을 임시로 잡아둔 부채계정입니다. 가수금은 대부분 대표이사로부터 빌린 급전일 가능성이 많습니다. 이런 경우 상환과 함께 가수금이 없어지는데, 만약 결산일까지 상환하지 않았다면 단기차입금으로 대체시켜야 합니다.

결론적으로 모든 가지급금과 가수금은 거래사실을 분명히 나타낼 수 있도록 정리해서 재무제표에 나타나지 않도록 해야 합니다.

특히 거액의 가지급금이 그대로 표시될 경우 세무서로부터 그에 대한 소명요구를 받을 수 있으며 대표이사 등 특수관계인에게 제공된 경우에는 세무상 여러 가지 불이익이 따르므로 주의해야 합니다.

가지급금의 세무리스크

법인(개인사업자의 경우에는 사업체의 자금이 사업주 개인의 것이므로 적용되지 않음)이 특수관계인에게 업무와 관련없는 자금(가지급금)을 세법이 정한 이자(연리 4.6%)를 받지 않거나 더 낮은 이자를 받고 대여한 경우에는 다음과 같은 불이익을 줍니다. 세법의 이러한 규제를 피하기 위해 가지급금을 다른 계정(미수금이나 선급금 등)으로 숨기는 경우도 있습니다.

① 대여금에 대해 세법상 정해진 이자와 실제 수입이자와의 차액을 법인의 소득에 가산하여 법인세를 부과합니다.

② 해당 이자금액에 대해 자금을 빌려간 당사자에게 개인소득세(임직원은 상여로 간주하여 근로소득세)를 부과합니다.

③ 법인의 차입금 중에서 가지급금으로 유출된 부분에 대해서는 그에 상당하는 지급이자를 세무상 비용으로 인정하지 않습니다.

④ 특수관계인에 대한 가지급금은 반드시 회수해야 하며 대표이사의 퇴직 등으로 특수관계가 소멸하거나 법인청산시점까지 미회수된 경우에는 가지급금 전액을 급여로 보고 개인소득세를 부과합니다.

유가증권 중 공정가치가 확인되는 것은
공정가치로 평가해서 평가손익을 반영한다

주식과 채권 또는 펀드나 ETF 등 다양한 금융자산에 투자한 경우 해당 자산의 공정가치(시가)가 존재한다면 취득원가가 아닌 결산일의 공정가치로 평가해야 합니다. 이 경우 평가이익 또는 평가손실이 발생하면 각각 해당 자산을 증액 또는 감액하고 당기의 손익(영업외손익)에 반영해야 합니다.

**| 여유자금의 운용목적으로 상장주식 5,000만 원을 매수하다.
수수료는 3만 원이 발생했다 |**

차변		대변	
계정과목	금 액	계정과목	금 액
유가증권(자산증가) 지급수수료(비용발생)	50,000,000 30,000	보통예금 (자산감소)	50,030,000

● 외부감사 대상기업에서는 유가증권 대신 매도가능증권을 사용합니다.

| 취득한 주식의 시가가 기말 현재 4,500만 원인 것으로 확인되었다 |

차변		대변	
계정과목	금 액	계정과목	금 액
유가증권평가손실 (비용발생)	5,000,000	유가증권 (자산감소)	5,000,000

● 외부감사 대상기업의 경우에는 회계기준에 따라 매도가능증권의 평가손익을 자본(기타포괄손익)에 반영합니다.

하지만 세법에서는 이런 평가손익이 아직 확정되지 않은 미확정 손익이므로 소득에서 제외시킵니다. 즉, 세법에서는 처분에 따른 손익은 확정된 것이므로 인정하지만 자산평가손익은 인정하지 않기 때문에 이를 손익에 반영하면 세무조정의 번거로움이 발생합니다.

따라서 대부분의 중소사업체에서는 결산시 평가손익을 아예 반영하지 않고 취득금액을 그대로 두는 것이 일반적입니다. 단, 부도나 파산 등으로 투자한 기업의 가치가 손상된 증거가 명백한 경우에는 평가손실을 인정받을 수 있으므로 이런 경우에는 관련 증빙을 토대로 손실처리하면 됩니다.

각종 채권에 대해서 대손충당금을 설정한다

매출채권이나 미수금·대여금 등 채권계정은 미래에 그만큼 받을 돈이 있다는 것을 의미합니다. 그러나 채권은 받을 권리 외에 떼일 위험도 있는 것이므로 회수가 불가능할 것으로 추정되는 금액을 재무제표에 나타내야 하는데, 이를 **대손충당금**이라고 합니다.

예를 들어 당기말 현재 매출채권이 3,000만 원인데 그중 회수가 불가능하다고 추정되는 금액, 즉 대손추산액이 500만 원이라고 가정하겠습니다. 이 경우 결산일 현재 장부상 대손충당금 잔액이 300

만 원이 있다면 모자라는 금액인 200만 원을 추가로 계상해야 하므로 결산시에 (차)대손상각비 200만 원 (대)대손충당금 200만 원으로 분개합니다.

그러면 금년 말의 재무상태표상 매출채권은 3,000만 원에서 대손충당금 500만 원을 차감한 2,500만 원으로 표시되며 손익계산서에는 추가로 반영한 대손상각비가 판매비와관리비에 포함됩니다.

> • 대손상각비(200만 원) = 기말현재 대손추산액(500만 원)
>   - 기말현재 대손충당금 기존잔액(300만 원)

차변		대변	
계정과목	금 액	계정과목	금 액
대손상각비	2,000,000	대손충당금	2,000,000

▲ 대손상각비는 손익계산서에 당기의 비용(판매비와관리비)으로 들어가고 대손충당금은 기존잔액 300만 원과 200만 원을 더한 500만 원이 재무상태표의 매출채권에서 차감적으로 표시됩니다.

(재무상태표)

매출채권	30,000,000	◀── 받을 돈의 총액
(대손충당금)	(5,000,000)	◀── 회수가 불가능할 것으로 추정된 금액
	25,000,000	◀── 회수가능한 금액

(판매비와관리비)

    대손상각비   2,000,000

    그런데 만약 위의 경우 대손충당금 기존 잔액이 600만 원이었다면 추가로 넣을 비용이 없으며, 현재 너무 많이 설정된 대손충당금 100만 원을 오히려 환입시켜야 합니다. 이 경우 대손충당금환입은 손익계산서에서 수익이 아닌 마이너스(-)의 비용계정으로서 판매비와관리비에서 차감표시됩니다.

차변		대변	
계정과목	금 액	계정과목	금 액
대손충당금	1,000,000	대손충당금환입	1,000,000

(손익계산서)

(판매비와관리비)

    대손충당금환입   (1,000,000)

    결국 당기말 현재 확정되지도 않은 미래의 대손추산액을 어떻게, 얼마로 추정하느냐에 따라 손익이 달라지므로 대손충당금의 추정은 회계에서 매우 중요합니다. 실무에서 가장 흔하게 사용하는 방법은 채권의 경과일수에 따라 대손추정비율을 달리 적용하는 방법입니다.

이 방법은 아직 회수하지 못한 채권을 그 회수기일로부터 경과된 일수를 따져서 오래된 채권일수록 대손가능성이 높다고 보아 대손추정률을 차등적으로 적용하는 방법입니다. 예를 들어 당기말 현재 보유 중인 채권잔액 3,000만 원의 내역이 다음과 같고 해당채권의 평균적인 회수기간이 3개월이라고 가정하겠습니다.

경과기일	채권잔액	대손추정비율	대손추산액
3개월 이내	500만 원	-	-
3개월~6개월 이내	500만 원	2%	10만 원
6개월~1년 이내	1,000만 원	5%	50만 원
1년 이상~2년 이내	400만 원	20%	80만 원
2년 이상	600만 원	60%	360만 원
합계	3,000만 원		500만 원

채권의 평균회수기간이 3개월이므로 채권발생일로부터 아직 3개월이 안된 채권은 이른바 '정상채권'으로서 이에 대해서는 대손위험이 없다고 봐야 합니다. 따라서 굳이 대손충당금을 잡을 필요가 없으며 경과기일이 오래된 것일수록 더 높은 대손비율을 적용합니다. 이렇게 각 채권그룹별로 서로 다른 대손비율을 적용한 결과 대손추산액이 모두 500만 원으로 추산된 것입니다.

이외에도 개별 거래처별로 신용상태와 회수가능성을 평가해서 채권 건별로 회수가능성을 따지는 방법도 있습니다. 단, 이런 다양

회계상식

한 방법 중 하나의 방법을 선택해서 매년 동일한 방법으로 대손충당금 총액을 추산하면 됩니다.

이후 나중에 거래처의 부도나 파산 등으로 실제 대손이 확정(400만 원으로 가정)되면 받지 못한 매출채권은 비용으로 처리하지 않고 이미 잡혀져 있는 대손충당금 500만 원에서 상계처리하게 됩니다.

차변		대변	
계정과목	금 액	계정과목	금 액
대손충당금	4,000,000	외상매출금(매출채권)	4,000,000

세무 TIP

채권의 확정대손처리는 회수가능성을 사업체가 임의로 판단해서 함부로 할 수 없으며 세법에서 정한 다음 요건 등에 해당하고 그 증빙을 확보한 경우에 한해서 가능합니다.

① 채무자가 파산, 강제집행, 형의 집행, 부도 등으로 인하여 회수할 수 없는 채권
② 채무자의 사망, 실종, 행방불명으로 인하여 회수할 수 없는 채권 등

그런데 세법에서는 대손충당금이 추정손실일 뿐, 당기에 확정된 것이 아니므로 이를 비용으로 인정하지 않습니다. 단, 기말현재 채권잔액의 1%는 비용으로 인정해주므로 대부분의 중소사업체에서는 대손충당금을 앞의 사례처럼 힘들게 추정하지 않고 무조건 1%

금액만 반영하거나 아예 비용으로 처리하지 않습니다. 이렇게 하면 소득세나 법인세 신고시 세무조정을 하지 않아도 되기 때문입니다.

임직원에 대한 퇴직금(예상) 부채를 계상한다

임직원이 퇴사할 경우 퇴직금을 지급해야 하는 것은 법적인 의무입니다. 퇴직금은 비록 한꺼번에 지급되지만 퇴직금도 인건비의 일부이므로 매년 그 비용이 발생하는 것입니다. 따라서 발생기준에 의해 근로제공에 따른 퇴직금을 해마다 비용으로 반영하고 결산일 현재 임직원에게 지급할 퇴직금을 부채로 나타내야 합니다.

다만, 아직 퇴직한 것이 아니므로 미래 지급할 퇴직금을 추산해야 하는데, 회계기준에서는 당기말 현재를 기준으로 퇴직금을 추산합니다. 예를 들어 당기말 현재 전 임직원의 퇴직금추산액이 3억 원이고 퇴직급여충당부채 기존 잔액이 2억 5,000만 원이라면 결산시 다음의 회계처리가 이루어집니다.

차변		대변	
계정과목	금 액	계정과목	금 액
퇴직급여	50,000,000	퇴직급여충당부채	50,000,000

▲ 손익계산서에는 퇴직금비용 5,000만 원이 들어가고, 재무상태표에는 퇴직금부채총액이 3억 원으로 나타납니다.

회계상식

> • 퇴직급여
> = 퇴직급여추산액(추계액) – 당기말 현재 퇴직급여충당부채 잔액

이 경우 퇴직금의 추산은 직전 3개월의 평균급여를 기초로 산정합니다.

> • 당기말 퇴직급여추계액
> = (10,11,12월 급여합계/92일 × 30일) × 재직일수/365일
> 또는 (10,11,12월 급여합계/3월) × 재직일수/365일

퇴직급여충당부채를 반영하기 위한 퇴직급여도 당기에 확정(지출)된 비용이 아니기 때문에 세법에서는 이를 비용으로 인정하지 않습니다. 따라서 만약 이를 비용으로 처리하면 세무조정을 해야 하는 번거로움이 따르므로 대부분의 중소사업체에서는 아예 충당부채를 표시하지 않고 실제로 퇴직금을 지급하는 때에 비용(퇴직급여)으로 처리하고 있습니다.

한편 근로자의 퇴직금을 매년 근로자의 퇴직연금(DC형)계좌에 넣어주는 경우에는 그 금액을 퇴직급여로 처리하면 되는데, 이는 실제로 지급된 인건비이므로 세무상 비용으로 인정됩니다.

법인세와 부가가치세를 확정해서
부채로 표시한다

모든 사업체는 결산이 끝나면 손익계산결과를 토대로 다음 해에 세금을 내야 합니다. 그런데 내야 할 세금은 부채이므로 이를 재무상태표에 나타내야 하는 것도 결산절차의 중요한 일부입니다.

12월 결산 법인의 경우 다음 해 3월에 법인세를 내야 하며, 다음 해 1월에는 전년도 4분기(10월~12월)에 받았던 부가가치세(예수금)를 납부해야 합니다.

(1) 법인세 납부액 계산

법인세는 과세표준에 세율을 곱해 계산합니다. 여기서 과세표준이란 세전순이익에 세무조정금액을 가감한 것인데 세무조정을 하지 않기 위해 자산평가손익과 충당금비용 등 추정손실을 반영하지 않고 감가상각비와 기업업무추진비도 세법상 정해진 한도금액을 초과(대부분의 중소사업체에서는 기업업무추진비가 세법상 연간 한도액인 3,600만 원을 초과하지 않음)하지 않았다면 세전순이익이 그대로 과세표준이 됩니다.

만약 과세표준이 5,000만 원이라면 법인세는 10%를 곱한 500만 원입니다. 여기에 10%의 지방소득세를 더한 법인세비용 등은 모두 550만 원입니다.

이 금액에서 연도 중에 미리 낸 법인세(선급법인세)를 뺀 것이 내년 3월에 내야 할 법인세, 즉 미지급법인세입니다. 선급법인세계정을 조회해 보면 8월에 중간예납한 법인세와 이자를 받을 때 원천징수당한 금액을 확인할 수 있는데, 이를 모두 상계하면 내야 할 법인세가 계산됩니다.

| 당해 연도의 법인세 결정세액(지방소득세 포함)은 550만 원으로
계산되었다. 선급법인세 계정을 조회한 결과 중간예납세액과
법인세 원천징수세액은 모두 200만 원이다 |

차변		대변	
계정과목	금 액	계정과목	금 액
법인세비용 등	5,500,000	선급법인세 미지급법인세	2,000,000 3,500,000

▲ 위와 같이 결산분개를 입력하면 손익계산서에는 세전이익에서 법인세비용 550만 원이 차감되어 최종적인 당기순이익이 표시되고, 재무상태표에는 선급법인세가 모두 소멸하고 미지급법인세가 350만 원으로 나타납니다.

한편 개인사업자가 내야 하는 종합소득(사업소득)세는 사업체가 내는 것이 아니라 사업주인 개인의 소득세이므로 사업체의 손익계산서에 표시하지 않습니다. 즉 세전순이익이 마지막으로 표시되는 이익입니다.

(2) 부가가치세 납부액 계산

부가가치세는 사업체가 부담하는 세금이므로 법인이나 개인 모두 내야 할 금액을 부채로 표시해야 하는데 부가가치세 납부예상액

은 이미 장부에 나타나 있습니다.

12월 31일자로 시산표를 조회해보면 미정산된 부가가치세예수금과 부가가치세대급금이 뜨는데 이를 상계해서 다음 해 1월 25일까지 납부하게 됩니다. 다만 이 2가지 채권·채무는 납부할 때 어차피 상계할 것이므로 재무상태표에서 순액으로 표시하는 것이 원칙입니다.

| 12월 31일 현재 결산 전 시산표상 부가가치세예수금은 500만 원이며 부가가치세대급금은 350만 원이다 |

차변		대변	
계정과목	금 액	계정과목	금 액
부가세예수금	3,500,000	부가세대급금	3,500,000

▲ 결산분개결과 부가세대급금은 전액 소멸하고 내야할 부가세예수금 150만 원만 부채로 표시됩니다. 내년 1월에 납부시에는 부가세예수금을 정리하면 되고, 세액공제에 따른 차이 금액 발생시에는 잡이익으로 처리하면 됩니다.

차액정산 결과 부가세대급금이 더 많을 경우에는 부가세예수금이 전액 소멸하고 부가세대급금만 자산으로 표시되는데, 이후 신고시 미수금으로 대체시켰다가 환급금 수령시 정리하면 됩니다.

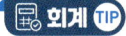

결산시 다음과 같이 아예 2개의 부가세관련 계정을 모두 정리해서 내야 할 세금은 미지급금으로, 환급받을 세금은 미수금으로 표시하기도 합니다. 이렇게 할 경우에는 납부 또는 환급시 각각 미지급금과 미수금에서 상계하면 됩니다.

회계상식

차변		대변	
계정과목	금 액	계정과목	금 액
부가세예수금	5,000,000	부가세대급금 미지급금	3,500,000 1,500,000

한편, 간이과세자는 부가세대급금과 부가세예수금계정을 사용하지 않으므로 결산일을 기준으로 내년 1월 25일까지 내야 할 부가가치세를 계산한 후 (차)세금과공과 ××× (대)미지급세금 ×××으로 분개하면 됩니다. 7월에 고지받아(예정) 납부한 경우에도 세금과공과로 비용처리하면 됩니다.

지금부터 앞서 조회한 민수버거의 결산수정 전 합계잔액시산표에 결산수정사항을 추가해서 재무제표가 어떻게 나오는지 조회해 보겠습니다.

민수버거의 결산수정사항은 다음과 같으며 세법에서 인정하지 않는 항목은 결산수정에서 제외하였습니다. 결산분개는 결산자료입력 메뉴에서 항목별로 해당금액을 입력하면 일반전표에 자동으로 분개가 만들어지는데(자동결산), 힘들면 일반전표에 직접 분개해서 입력(수동결산)해도 됩니다.

여기서는 결산자료입력 화면에 재고자산만 입력해서 자동으로 매출원가를 계산하고, 나머지 항목은 일반전표에 직접 분개를 입력하는 것으로 하겠습니다.

1. 매입한 상품과 원재료의 기말재고는 각각 700,000원과 800,000 원으로 확인되었다.

차변		대변	
계정과목	금 액	계정과목	금 액
상품매출원가 제품매출원가	300,000 7,200,000	상품 원재료	300,000 7,200,000

- 합계잔액시산표에서 상품과 원재료 각각의 차변합계금액(기초재고 + 당기중 매입액)에서 기말재고를 차감한 금액을 위와 같이 매출원가로 대체하면 됩니다.
  상품매출원가 = 100만 원(시산표 잔액) – 70만 원(기말재고액) = 30만 원
  제품매출원가 = 800만 원(시산표 잔액) – 80만 원(기말재고액) = 720만 원
- 그런데 더존프로그램에서는 매출원가계산을 자동으로 할 수 있으므로 결산자료입력 메뉴 → 결산일자입력 → 작은창에서 원가선택 → 455, 코드번호에 숫자 1을 입력 → 451 확인탭 → 원재료와 상품의 기말재고를 입력 → 상단의 전표추가를 클릭하면 매출원가를 계산해서 일반전표에 분개까지 자동으로 완료됩니다.

| 결산자료 입력 |

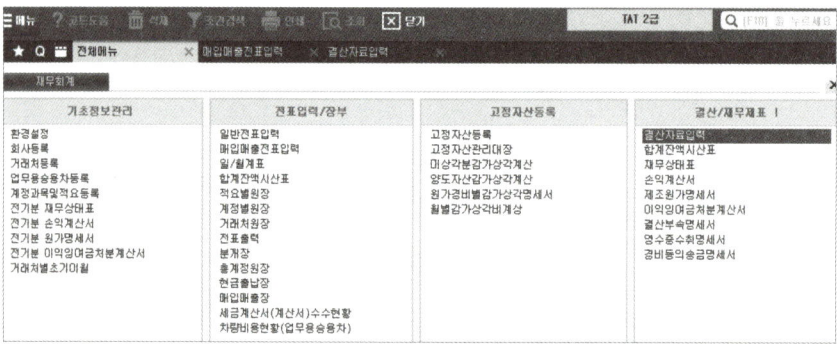

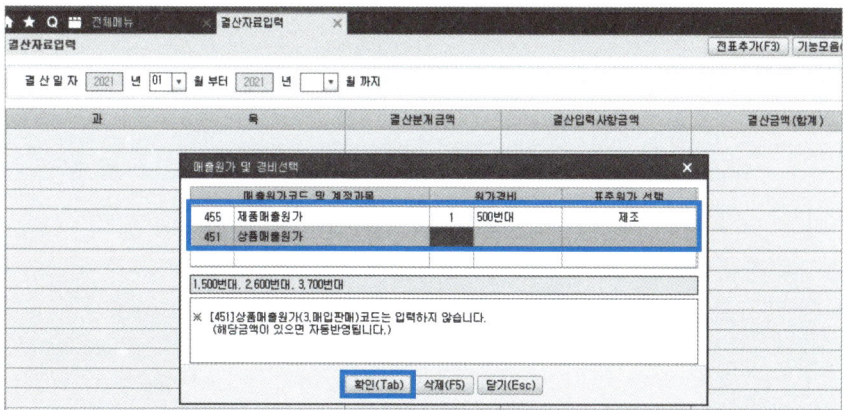

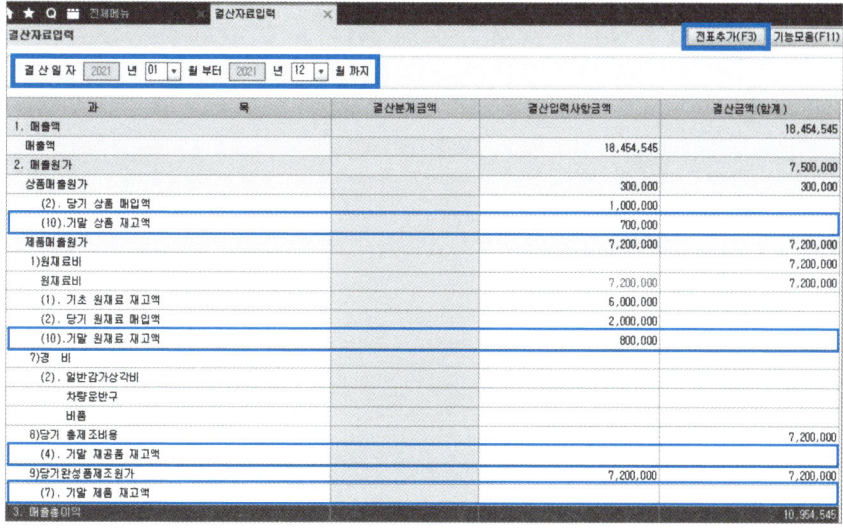

2. 차량 및 비품에 대한 감가상각비를 각각 정액법으로 계산해서 반영하다.

차변		대변	
계정과목	금 액	계정과목	금 액
감가상각비	3,385,000	(차량)감가상각누계액 (비품)감가상각누계액	385,000 3,000,000

- 차량 감가상각비 = 23,100,000원 × 1개월/60개월 = 385,000원
- 비품 감가상각비 = 90,000,000원 × 2개월/60개월 = 3,000,000원

감가상각비는 사용기간동안 정확히 나누어서 비용으로 넣어야 하므로 연도 중에 취득한 경우 사용한 월수에 해당하는 금액만 상각해야 합니다. 이 경우 구입일이 속한 달을 포함해서 상각합니다. 예를 들어 11월 20일에 취득했다면 첫해에는 연간 감가상각비의 2/12을 상각해야 합니다.

3. 보험료납부액 중 40,000원은 내년도에 해당하는 금액이다.

차변		대변	
계정과목	금 액	계정과목	금 액
선급비용	40,000	보험료	40,000

4. 내년 1월에 환급받을 부가가치세는 2,432,727원으로 확인되었다.

차변		대변	
계정과목	금 액	계정과목	금 액
부가세예수금	3,045,455	부가세대급금	3,045,455

● 2,432,727원 = 부가가치세대급금(5,478,182원) − 부가가치세예수금(3,045,455원)

● 결산자료입력 화면에서 원재료·재공품·제품·상품의 기말재고금액을 입력하면 자동으로 제조원가와 매출원가가 계산됩니다. 그리고 메뉴상단의 전표추가를 클릭하면 화면에서 보이는 분개가 자동으로 만들어져서 일반전표에 추가됩니다. 선급비용·미지급비용과 감가상각비 및 부가세관련 분개는 일반전표입력 화면에서 수동으로 분개해서 넣으면 됩니다.

만약 민수버거가 법인이라면 결산수정사항을 입력한 후 손익계산서를 조회하면 세전순이익이 나오는데 세무조정할 금액이 없다면 그 금액의 10%(지방소득세를 포함하면 11%)에 해당하는 법인세비용을 추가로 넣어야 결산이 완료됩니다.

재무제표를
조회해서 확인한다

    결산분개를 입력하면 재무제표가 자동으로 만들어집니다. 손익계산서에서는 매출액, 매출총이익, 영업이익 및 당기순이익(개인사업자는 세전순이익) 등 주요손익항목을 확인합니다.

    재무상태표에서는 미처분이익잉여금(법인인 경우이며 개인사업자는 자본금)과 현금 및 예금잔액, 매출채권과 재고자산 그리고 매입채무와 차입금잔액 등 핵심자산·부채과목을 살펴보고 전년도에 비해 특이한 변동이 없는지 확인하면 됩니다.

| 손익계산서 |

손익계산서			기능모음(F11)

기 간 2021 년 12 ▼ 월

과목별 제출용 표준(개인)용

과목	제 1(당)기 [2021/01/01 ~ 2021/12/31]		전기	
		금액		금액
Ⅰ. 매 출 액		18,454,545		0
매 출 액	18,454,545		0	
Ⅱ. 매 출 원 가		7,500,000		0
상 품 매 출 원 가		300,000		0
기 초 상 품 재 고 액	0		0	
당 기 상 품 매 입 액	1,000,000		0	
기 말 상 품 재 고 액	700,000		0	
제 품 매 출 원 가		7,200,000		0
기 초 제 품 재 고 액	0		0	
당 기 제 품 제 조 원 가	7,200,000		0	
기 말 제 품 재 고 액	0		0	
Ⅲ. 매 출 총 이 익		10,954,545		0
Ⅳ. 판 매 비 와 관 리 비		10,776,818		0
급 여	4,200,000		0	
일 용 급 여	400,000		0	
복 리 후 생 비	261,818		0	
통 신 비	90,000		0	
수 도 광 열 비	150,000		0	
세 금 과 공 과 금	130,000		0	
감 가 상 각 비	3,385,000		0	
임 차 료	1,500,000		0	
보 험 료	10,000		0	
차 량 유 지 비	150,000		0	
기 업 업 무 추 진 비	500,000		0	
Ⅴ. 영 업 이 익		177,727		0
Ⅵ. 영 업 외 수 익		2,000,000		0
유 형 자 산 처 분 이 익	2,000,000		0	
Ⅶ. 영 업 외 비 용		833,267		0
이 자 비 용	833,267		0	
Ⅷ. 소 득 세 차 감 전 이 익		1,344,460		0
Ⅸ. 소 득 세 등		0		0

손익계산서의 핵심 체크포인트

❶ 매출액이 전년도에 비해서 얼마나 증가(감소)했는지? 만약 감소했다면 그 원인
이 무엇인지를 따져봐야 합니다.

❷ 매출원가율(매출원가 ÷ 매출액)이 전년도와 비슷한지? 만약 상승했다면 그 이유
가 매출감소 때문인지 또는 원가상승 때문인지를 확인해야 합니다.

❸ 급여·임차료 등 판매관리비는 대부분 고정비적인 성격이 강하므로 매년 큰 변
동이 없어야 하는데, 만약 당기에 많이 증가한 항목이 발견된다면 합당한 이유
가 있었는지 따져봐야 합니다.

④ 영업이익이 이자비용을 충분히 감당할 수 있는 금액인지 확인합니다.

⑤ 영업이익률(영업이익 ÷ 매출액)이 전년도보다 하락했다면 그 원인(매출감소, 매출원가 상승, 판관비 증가)을 확인하고 이를 개선해야 합니다.

| 재무상태표 |

과목별　　제출용　　표준(개인)용

기　간　2021 년 12 ▼ 월　2021년

과목	제 1(당)기[2021/01/01 - 2021/12/31]		전기	
	금	액	금	액
자　　　　　　　　산				
Ⅰ. 유　　동　　자　　산		143,012,794		30,000,000
(1) 당　좌　자　산		141,512,794		24,000,000
현　　　　　　　금		1,500,000		0
보　통　예　금		120,540,067		24,000,000
미　　수　　금		17,000,000		0
선　급　비　용		40,000		0
부　가　세　대　급　금		2,432,727		0
(2) 재　고　자　산		1,500,000		6,000,000
상　　　　　　　품		700,000		0
원　　재　　료		800,000		6,000,000
Ⅱ. 비　유　동　자　산		109,715,000		70,000,000
(1) 투　자　자　산		0		0
(2) 유　형　자　산		109,715,000		70,000,000
차　량　운　반　구	23,100,000		10,000,000	
감 가 상 각 누 계 액	385,000	22,715,000		10,000,000
비　　　　　　　품	90,000,000		60,000,000	
감 가 상 각 누 계 액	3,000,000	87,000,000		60,000,000
(3) 무　형　자　산		0		0
(4) 기 타 비 유 동 자 산		0		0
자　　산　　총　　계		252,727,794		100,000,000
부　　　　　　　채				
Ⅰ. 유　　동　　부　　채		53,050,000		0
외　상　매　입　금		2,200,000		0
미　지　급　금		650,000		0
예　　수　　금		200,000		0
단　기　차　입　금		50,000,000		0
Ⅱ. 비　유　동　부　채		98,333,334		0
장　기　차　입　금		98,333,334		0
부　　채　　총　　계		151,383,334		
자　　　　　　　본				
Ⅰ. 자　　본　　금		101,344,460		100,000,000
자　　본　　금		101,344,460		100,000,000
(당 기 순 이 익)				
당기 :　1,344,460 원				
전기 :　　　　0 원				
자　　본　　총　　계		101,344,460		100,000,000
부 채 및 자 본 총 계		252,727,794		100,000,000

❶ 현금및현금성자산이 충분한지 확인합니다. 일반적으로는 유동부채(단기부채) 금액의 20~30%를 갖고 있어야 여유가 있다고 봅니다.

❷ 매출채권과 재고자산의 규모가 적정한지 확인합니다. 일반적으로 매출채권과 재고자산이 각각 총자산의 20%를 넘어가면 과다하다고 봅니다. 나아가 2가지 자산이 각각 매출액에서 차지하는 비중이 전년도와 비교해서 증가했는지 체크합니다. 이 비중이 증가한다는 것은 매출증가율보다 두 자산의 증가율이 더 높다는 의미인데, 이는 그만큼 회전(판매 또는 회수)이 잘 안된다는 뜻이므로 자산이 부실화될 수 있습니다.

❸ 유형자산의 장부가액(취득금액 - 감가상각누계액)은 매년 감소하는데 만약 장부가액이 거의 남지 않았다면 곧 교체를 위한 시설자금이 투자돼야 하므로 이에 대비해야 합니다.

❹ 차입금총액이 너무 많지 않은지 확인합니다. 일반적으로 차입금이 총자본(부채와자본총계)의 30~40%를 넘어가면 이자비용이 많아서 위험할 수 있다고 봅니다. 하지만 이는 절대적인 것은 아니며 차입금이 많아서 이자비용이 크더라도 영업이익이 충분하다면 단기적으로는 문제되지 않습니다.

❺ 법인인 경우 당기말 현재 이익잉여금의 규모가 어느 정도인지 확인합니다. 이익잉여금이 너무 적어도 위험하지만 너무 많아도 훗날 주식상속과 증여시 세금부담이 커지므로 미리 대비하기 위해 조금씩이라도 매년 꾸준히 배당으로 유출시키는 것이 좋습니다.

반복되는 거래는 매번

입력하지 말고 복사하면 된다

매입·매출거래와 인건비 지급거래는 매월 같은 유형의 거래가 반복해서 발생합니다. 이런 거래는 매번 새로 분개할 필요없이 과거에 했던 분개를 불러와서 복사하면 편리합니다.

예를 들어 12월 30일에 88만 원의 카드매출거래가 발생한 경우 매입매출전표에서 11월 30일의 매출거래를 선택(거래일자 왼쪽의 네모박스 클릭)후 상단의 복사를 클릭 → 복사할 날짜(12월 30일)를 입력 → 하단의 복사클릭 → 12월 30일 복사된 매입매출전표 생성 → 필요에 따라 우측의 분개를 클릭해서 계정과목과 금액을 수정하면 됩니다.

아울러 입력한 내용을 삭제하고 싶을 때는 일자 앞의 네모박스 칸이나 해당라인을 선택한 후 상단의 삭제를 클릭하면 해당 줄이 모두 삭제됩니다.

회계상식

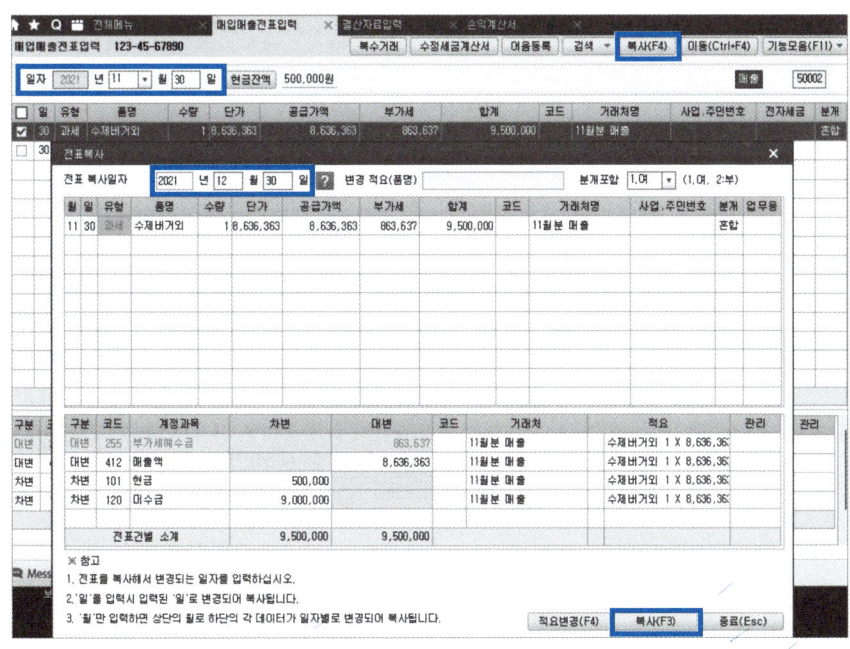

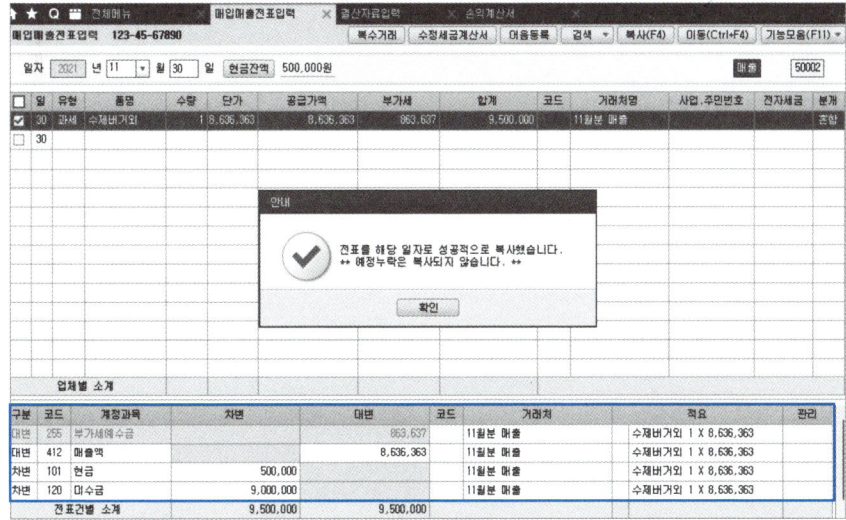

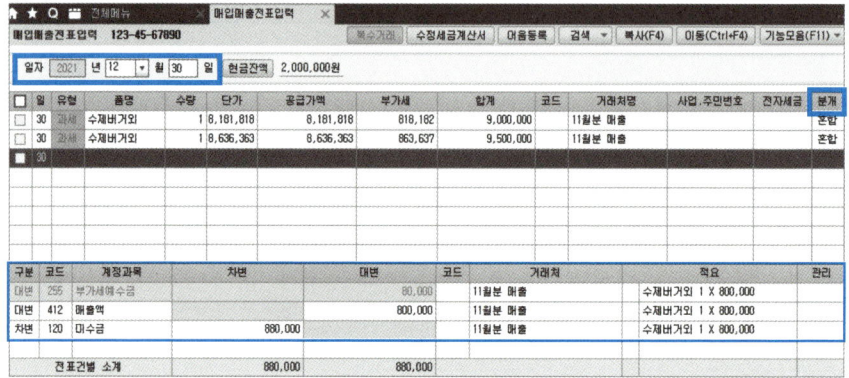

	일	유형	품명	수량	단가	공급가액	부가세	합계	코드	거래처명	사업.주민번호	전자세금	분개
☐	30	과세	수제버거외	1	8,181,818	8,181,818	818,182	9,000,000		11월분 매출			혼합
☐	30	과세	수제버거외	1	8,636,363	8,636,363	863,637	9,500,000		11월분 매출			혼합
■	30												

구분	코드	계정과목	차변	대변	코드	거래처	적요	관리
대변	255	부가세예수금		80,000		11월분 매출	수제버거외 1 X 800,000	
대변	412	매출액		800,000		11월분 매출	수제버거외 1 X 800,000	
차변	120	미수금	880,000			11월분 매출	수제버거외 1 X 800,000	
		전표건별 소계	880,000	880,000				

회계상식

증빙자료는 이렇게 보관하고

관리하면 된다

거래자료로 입력한 증빙(세금계산서, 영수증 등)을 보관하는 것도 만만치 않습니다. 종이로 만들어진 증빙은 5년간 보관하는 것이 원칙입니다. 하지만 요즘은 모든 거래가 전산으로 이루어지고 증빙 또한 전자방식으로 주고받기 때문에 내부적인 관리목적이 아니라면 굳이 종이로 된 증빙을 가지고 있을 필요는 없으며 전자파일을 보관하면 됩니다.

카드지출의 경우 거래건별 신용카드전표는 불필요하며 카드명세서를 보관하면 됩니다. 전자세금계산서도 홈텍스 서버에 그 데이터가 계속 남아 있으므로 따로 출력해서 보관할 필요는 없습니다.

하지만 관리를 위해서는 인쇄 후 따로 거래처별 또는 월별로 정리해서 보관하는 것이 바람직합니다.

회계를 알고나니 재무제표를
보기가 훨씬 수월하다

손실을 감추는 회계의 마술,

분식회계는 어떻게 하는 걸까?

회계의 결과물은 재무제표입니다. 회계를 하는 이유는 결국 재무제표를 만들기 위한 것이고 재무제표는 투자자 등에게 기업의 참모습을 보여주기 위해 만드는 것입니다. 즉, 재무제표는 기업의 얼굴과도 같습니다. 사람의 얼굴이 잘생기고 건강해 보이면 상대방에게 호감을 주듯이 기업의 얼굴인 재무제표가 건강하고 아름다워야 투자자들에게 좋은 평가를 받을 수 있습니다.

그런데 사업성과가 부진하고 이로 인해 재무상태가 나쁜 기업이 고의로 숫자를 조작해서 이익성과와 재무상태를 좋게 표시하는 것을 **분식회계**라고 합니다. 회계는 투명성과 객관성을 중시하고 공정성을 추구하지만 반드시 그렇지는 않습니다. 이미 이루어진 거래사실에 기초해서 회계를 하는데, 어떻게 분식이 가능한지 의아해하는 경우도 있습니다.

대부분의 분식은 결산과정에서 이루어집니다. 즉, 연도 중의 거래는 증빙에 기초해서 이루어지므로 기본적으로 분식이 어렵습니다. 하지만 결산수정분개는 대부분 발생주의 회계를 적용하는 과정에서 증빙없이 사업체에서 임의로 회계처리하는 것이므로 쉽게 분식이 가능합니다.

지금부터 당기순손실이 3,000만 원인 사업체가 회계분식을 통해 순이익을 만들어내는 마술이 어떻게 가능한지 알아보겠습니다. 이런 마술기법은 결코 새로운 것이 아니며 분식을 할 때 일반적으로 사용되는 기술입니다. 즉, 분식은 그 사용하는 단골메뉴가 이미 정해져 있습니다.

(1) 재고자산 부풀리기

매출원가를 줄이면 이익은 많아집니다. 그런데 매출원가란 전체 재고 중에서 기말재고를 뺀 것이므로 기말재고를 부풀리면 상대적으로 매출원가가 적어집니다. 즉, 없는 재고를 있다고 하는 겁니다. 총재고가 1억 원이고 기말재고가 2,000만 원이라면 당기의 매출원가는 8,000만 원입니다.

만약 매출이 9,000만 원이면 매출총이익은 1,000만 원인데, 이 경우 기말재고를 4,000만 원으로 늘려잡으면 매출원가는 6,000만 원으로 줄어들어 이익이 3,000만 원으로 증가하게 됩니다. 정확히 재고증가액인 2,000만 원만큼 이익이 증가하는 셈이며, 그래서 정확한 기말재고평가가 회계에서 매우 중요한 것입니다.

(2) 대손충당금과 퇴직급여충당부채 누락하기

매출채권 등에 대한 대손충당금과 퇴직급여충당부채를 누락하면 각각 자산은 고평가되고 부채는 저평가돼서 자본이 고평가됩니다. 또한 관련 비용도 누락되므로 순이익도 그만큼 늘어납니다.

그런데 세법에서는 이런 충당금비용을 인정하지 않기 때문에 대부분 중소사업체에서 아예 비용처리를 하지 않는다고 설명했습니다. 따라서 이런 비용의 누락이 비록 세법기준에는 맞지만 발생주의회계를 기본으로 하는 재무회계기준의 관점에서는 비용누락으로 인해 의도하지 않은 분식이 이루어지게 됩니다.

(3) 감가상각비 누락 또는 과소계상

해마다 유형자산을 사용한 만큼 감가상각비를 비용에 반영해야 합니다. 하지만 감가상각비를 아예 반영하지 않거나 줄여서 넣으면 그만큼 자산은 고평가되고 순이익도 증가하게 됩니다. 회계적으로는 감가상각비를 매년 정해진 금액을 그대로 넣어야 합니다.

그런데 세법에서는 감가상각비를 정해진 금액 이상으로 넣으면 불인정하지만, 적게 넣거나 아예 누락하는 것은 상관하지 않습니다. 이런 이유로 이익이 부진하거나 적자인 경우 감가상각비를 누락하는 경우가 많습니다. 누락된 만큼은 장부금액이 더 남게 되는데, 그 금액은 이후에 언제라도 상각할 수 있기 때문입니다.

이 또한 세법기준으로는 전혀 문제가 없지만 발생주의회계를 기본으로 하는 재무회계기준의 관점에서는 이런 비용의 누락으로 인해 의도하지 않은 분식이 이루어진 셈입니다.

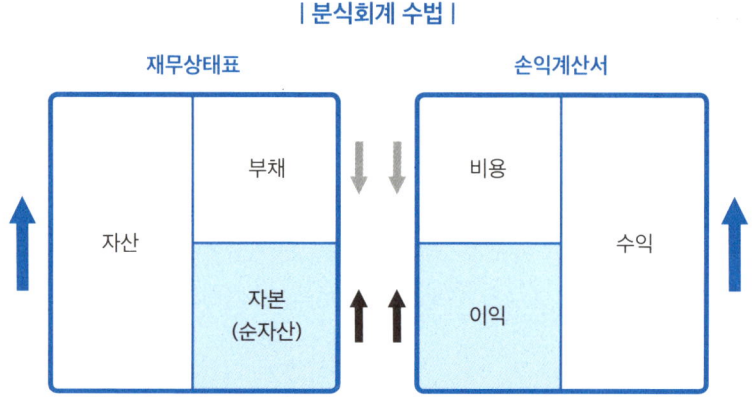

| 분식회계 수법 |

▲ 비용은 곧 자산감소를 의미하므로 비용을 숨기거나 누락하면 자산은 과대표시됩니다. 또한 허위로 매출을 잡으면 자산과 수익이 모두 과대표시됩니다. 충당부채를 숨기거나 누락하면 비용과 부채가 모두 과소계상되는데, 이런 모든 것들로 인해 사업체의 자본(순자산)이 실제보다 과대표시(분식)되는 결과를 가져옵니다.

(4) 자산에 대한 평가손실 누락하기

자산은 항상 손상위험에 노출돼 있습니다. 회수예상액이 장부가액에 미달하는 자산은 반드시 그 금액을 감액하고 손상차손 또는 평가손실을 잡아야 합니다.

재고자산과 유가증권 등이 대표적으로 가치손상이 가능한 자산

회계상식

입니다. 하지만 가치하락의 증거가 명백함에도 불구하고 이를 손상 처리하지 않으면 자산이 고평가되고 순이익도 많아집니다. 이 경우도 세법에서는 이런 추정손실을 인정하지 않기 때문에 반영하지 않는 것이므로 사업체의 의도와는 상관없이 분식이 일어나게 됩니다.

　세법의 이런 규정과는 상관없이 재무제표는 엄격하게 발생기준으로 작성해야 하며 세법과 다름으로 인해 발생한 순이익 차이는 세무조정을 통해 수정하는 것이 맞습니다. 하지만 재무제표에 대한 외부회계감사를 받지 않는 대부분의 중소사업체와 거래처로부터 위탁받아 기장하는 세무회계사무소에서는 번거롭고 시간이 걸린다는 이유 때문에 아예 세법기준으로 회계를 하는 것이 일반적입니다.

사업자가 재무제표를
관리하는 방법

회계를 통해 재무제표를 만드는 것이 끝이 아니며, 만들어진 재무제표를 잘 활용하는 것이 보다 더 중요합니다. 사업자는 매년 재무제표의 숫자를 통해 사업부진의 원인을 파악하고 이를 개선해야 하며 재무제표가 던지는 위험신호를 알아차리고 미리 대비해야 합니다.

아울러 회계장부를 기반으로 세금신고도 해야 합니다. 이미 장부가 작성됐으므로 세금신고도 수월합니다. 만약 세금신고가 어렵다면 장부는 직접 작성하되, 세금신고만 세무사 등 대리인에게 위탁해도 됩니다.

이익은 나는데 돈이 없는 이유는?

사업체에서 가장 중요한 것은 돈을 버는 것입니다. 돈을 벌기 위해서는 많은 매출을 달성하고 이익도 많이 남겨야 합니다. 그런데 매출도 많이 하고 이익도 나는데 돈이 없는 경우가 흔합니다. 이익은 수익(매출액)에서 비용을 뺀 것인데, 대부분의 수익과 비용은 돈이 들어오거나 나간 것입니다.

하지만 수익(매출액) 중에는 아직 받지 못한 수익, 즉 매출채권이 있습니다. 아울러 비용 중에도 돈을 써놓고 아직 비용처리가 안된 것(재고자산)이 있습니다. 또한 매입비용은 발생했지만 아직 거래처에 주지 않은 돈(매입채무)도 있습니다.

이런 항목을 **운전자본**이라고 하며 여기에 묶여 있는 돈을 **운전자금**이라고 합니다. 이익과 현금흐름이 일치하지 않는 이유는 운전자금 때문입니다. 예를 들어 영업이익이 1억 원인 사업체가 있는데 1년동안 매출채권이 5,000만 원, 재고자산이 4,000만 원 증가하고 매입채무가 2,000만 원 증가했다면 과연 돈은 얼마나 번 것일까요?

영업이익은 1억 원이지만 아직 받지 못하고 거래처에 묶여 있는 돈 5,000만 원을 빼고 매장에 재고로 깔려 있는 돈 4,000만 원을 빼면 막상 번 돈은 1,000만 원에 불과합니다. 다행히 거래처에 주지 않은 돈이 2,000만 원이 있으니 이를 더해주면 영업현금흐름, 즉 번 돈은 3,000만 원에 불과합니다.

이런 이유 때문에 사업체에서 제일 신경써서 관리해야 하는 핵심사업자산이 매출채권과 재고자산입니다. 이들 자산에 과도하게 돈이 묶이면 현금흐름이 부족해서 손익계산서에는 이익이 나는데도 불구하고 망할 수 있는데, 이를 **흑자도산**이라고 합니다. 따라서 매출액을 기준으로 이들 자산이 차지하는 비율이 증가하고 있지 않는지 매년 점검해야 합니다.

재무상태표가 보여주는 위험신호

재무상태표가 보여주는 가장 큰 위험신호는 과도한 부채입니다. 부채는 갚아야 할 남의 돈이므로 지나치게 많으면 위험합니다. 어느 정도를 많다고 볼지는 자기 돈, 즉 자본의 크기에 달려있습니다. 자본이 많으면 그에 비례해서 부채가 많아도 무방하며 자본이 적으면 그에 비례해서 부채도 적어야 합니다.

흔히 말하는 **부채비율**은 부채와 자본의 크기를 상대적으로 보여주는 지표인데, 만약 부채가 3억 원이고 자본이 1억 원이면 부채비율은 300%입니다. 사업체마다 차이는 있지만 대부분 중소사업체의 부채비율은 300~400%로서 비교적 높은 편입니다.

그러나 부채비율이 지나치게 높거나 계속 높아지는 추세라면 위험합니다. 부채비율을 낮추려면 부채를 줄이거나 자본을 늘려야 하는데 2가지 모두 사업성과, 즉 순이익에 달려 있습니다. 즉, 순이익이 증가하면 자본이 증가하고 번 돈을 통해 부채를 상환하면 부채비율이 낮아집니다.

특히 부채 중에서도 은행부채, 즉 차입금의 비중이 너무 높지 않아야 합니다. 차입금은 갚기도 해야 하지만 매월 이자가 나가기 때문입니다. 이자비용은 사업체의 순이익을 갉아먹는데, 개인사업체라면 그만큼 사업주의 몫(순이익)이 줄어들게 됩니다.

만약 차입금이 전체 자본(부채 + 자본)의 30~40%를 넘어서면 번 돈의 상당부분이 이자로 나간다고 봐야 합니다. 물론 수익성이 좋아 영업이익이 많이 나온다면 차입금 비중이 높아도 상관없습니다. 이는 거꾸로 영업이익이 적은 사업체에서는 비록 차입금 비중이 낮더라고 이자부담이 크다는 점을 의미합니다.

결국 사업체의 이익창출능력에 맞춰서 차입금을 사용하는 것이 바람직합니다. 자산쪽에서는 앞서 언급한 매출채권과 재고자산 등 운전자산이 지나치게 많지는 않은지, 매출증가율보다 더 높은 속도로 증가하고 있지 않은지를 체크해야 합니다.

손익계산서가 보여주는 위험신호

도매업을 하는 박 사장은 회계 프로그램으로 난생 처음 재무제표를 출력해보고 깜짝 놀랐습니다.

"분명 매출은 괜찮은데 순이익이 왜 이렇게 적지?"

손익계산서를 보니 광고비, 인건비, 감가상각비가 큰 비중을 차지하고 있었습니다. 또, 재무상태표를 보니 재고가 과도하게 쌓여서 돈이 묶여 있었고, 외상매출금이 많아 아직 현금화되지 않았던 것입니다. 재무제표를 보고 나서 박사장은 사업전략을 다시 세웠습니다.

사업은 기본적으로 매출이 잘 나와야 합니다. 그런데 매출이 아무리 잘 나와도 비용으로 다시 나가버리면 헛일이므로 결국 이익이 핵심입니다. 1차적으로는 영업이익이 잘 나와야 하는데, 이를 위해서는 매출을 늘리고 매출원가와 판매관리비를 최대한 줄여야 합니다. 만약 영업이익이 계속 줄어든다면 그 이유가 매출감소 때문인지 비용증가 때문인지를 파악하고 이를 개선해야 합니다.

비용 중에서 특히 위험한 비용은 고정비입니다. 고정비란 인건비·임차료·감가상각비·이자비용과 같이 매출이 감소하더라도 줄어들지 않는 비용을 말합니다. 매출규모에 비해 고정비가 지나치게 많을 경우에는 만성적인 적자에 시달리게 되며 불경기로 매출이 감소하면 손실폭이 대폭 늘어나게 되므로 고정비는 그 자체가 위험입니다.

판매비와관리비의 대부분은 고정비입니다. 따라서 매출액 중 판매관리비의 비중을 해마다 점검하고 특히 매출원가 비중이 높은 사업이라면 판매관리비를 최대한 줄여야 합니다.

아울러 매출액을 기준으로 영업이익과 순이익의 비율을 작년과 비교해서 수익성이 떨어진 이유를 확인해야 합니다. 영업이익에 비해 순이익이 대폭 줄었다면 과다한 이자비용이 원인일 수도 있습니다. 만약 수익성 하락이 수년간 지속된다면 재무상태가 점점 나빠질 것은 너무나도 분명합니다.

재무제표를 지켜보는

투자자의 냉철한 눈

사업자는 자신이 운영하는 사업체의 성과를 개선하기 위해 재무제표를 보지만 사업체에 자금을 대는 외부투자자들도 재무제표를 보고 투자여부를 판단합니다. 중소사업체는 주로 은행으로부터 상장기업 등 대기업은 주주로부터 사업자금을 투자받는데 투자자들은 사업체가 제출한 재무제표에서 어떤 부분에 주목해야 하는지 살펴보겠습니다. 이와 반대로 투자를 받아야 하는 사업체에서는 이런 부분을 미리 관리해서 투자자로부터 좋은 평가를 받도록 해야 합니다.

냉혹한 투자의 세계에서 투자자에게는 기업의 화려하고 낙관적인 말보다 더 중요한 것이 숫자입니다. 재무제표는 기업이 현재 어떤 상태에 있는지를 보여주는 투자지도입니다. 부채비율이 높고 성장이 정체돼 있다면? 당기순이익은 흑자인데 현금흐름은 마이너스라면?

이런 함정에 빠지지 않으려면 무엇보다 재무제표를 볼 줄 알아야 합니다. 투자자는 기업의 말을 믿는 게 아니라 숫자의 진실을 찾아내서 읽어야 합니다.

투자자 A씨는 한 건설회사의 주가가 저평가돼 있다고 판단하고 주식을 사려다 멈칫했습니다. 이유는 현금흐름표에서 이상징후를 발견했기 때문입니다. 손익계산서상 순이익은 매년 300억 원씩 발생하는데, 영업현금흐름은 매년 마이너스인 것이 눈에 거슬렸습니다. 알고 보니 장부상 이익은 흑자기업이지만 실제로는 공사미수금 회수가 잘 안되고 있었으며 유동성이 부족해 자산을 계속 매각해서 최근 수년간 유형자산처분이익이 발생했습니다.

이렇게 드러난 이익숫자만 보면 건전한 기업이지만 숫자 뒤에 숨겨진 이야기를 끄집어내보면 유동성 위기의 그림자가 드리워져 있었던 것입니다.

은행이 보는 핵심지표

은행이 사업체에 대출을 하면 채권자로서 매월 이자를 받고 만기에 원금을 회수해야 합니다. 따라서 은행은 사업체의 원리금상환능력를 가장 중요하게 보는데, 원리금를 회수하지 못할 위험을 **신용위험**이라고 하며, 이를 평가하는 것을 **신용평가**라고 합니다. 신용평가점수에 따라 대출금리가 달라지므로 보다 낮은 금리로 은행 대출을 받거나 만기를 연장하려고 할 때는 다음과 같은 신용평가지표를 파악하고 미리 준비해야 합니다.

(1) 부채비율

부채비율이 높을수록 못갚을 위험이 크므로 부채비율이 높지 않아야 합니다.

(2) 차입금의존도

총자본(부채 + 자본)중 차입금이 차지하는 비중을 **차입금의존도**라고 합니다. 총자산, 즉, 총자본이 10억 원인 사업체의 차입금이 4억 원이라면 차입금의존도는 40%인데, 차입금의존도가 높을수록 이자비용이 많아지므로 그만큼 신용위험도 높아집니다.

(3) 이자보상비율

사업체가 이자를 무난히 지급하려면 영업이익이 충분해야 합니다. 만약 영업이익이 이자비용보다 적으면 이자를 못내게 되는데, 영업이익을 이자비용으로 나눈 것을 **이자보상비율**ICR : Interest Coverage Ratio이라고 합니다. 신용평가실무에서는 이자보상비율이 적어도 1.5배 이상은 돼야 이자지급에 문제가 없다고 판단합니다.

회계상식

따라서 연간 이자비용이 2,000만 원이라면 영업이익이 최소한 3,000만 원 이상 나와야 합니다. 만약 이자보상비율이 1배가 안된다면 영업이익으로 이자비용을 충당할 수 없는 기업이므로 신용위험이 매우 높은 위험기업으로 평가합니다.

(4) 부채상환계수

이자보상비율이 이자상환능력을 보여주는 지표라면 **부채상환계수**DSR : Debt Service Ratio는 원금과 이자를 합친 원리금의 상환능력을 평가하는 지표입니다. 그리고 이 경우에는 영업이익 대신 영업활동으로 번 돈(영업현금흐름)을 기준으로 평가합니다. 한 해 동안 번 돈을 그 해의 원리금상환액으로 나누어 1배 이상이 나오면 자력으로 원리금을 상환할 수 있는 기업으로 봅니다.

주주가 봐야 할 핵심지표

주주는 채권자가 아니므로 은행과 달리 상환능력이 아니라 사업체의 미래 수익성과 미래 성장성을 가장 중시해야 합니다. 수익성과 성장성에 따라 주가가 상승하고 배당도 많이 받을 수 있기 때문입니다.

또한 주가는 미래를 선반영하므로 과거의 재무제표를 보는 것에 그치지 않고 재무제표를 통해 미래 성과와 성장성을 예측하는데 중점을 두어야 합니다.

(1) ROE

손익계산서에 표시된 이익 중에서 주주몫의 이익은 당기순이익입니다. 따라서 순이익을 자본으로 나누면 주주가 투자한 돈에 대한 수익률이 나오는데 이를 **자기자본순이익률**ROE이라고 합니다.

ROE가 높다는 것은 그만큼 주주 돈을 잘 활용해서 주주가 투자한 돈에 대해 높은 수익률을 제공한 것이므로 주가가 상승합니다.

하지만 ROE가 낮다면 주주돈만 투자받고 그에 비례한 성과를 내지 못한 것이므로 주가가 오르기 어렵습니다. 결국 ROE가 기업가치, 즉 주가를 결정하는 핵심변수입니다.

(2) PER

주가(시가총액)는 미래 순이익을 현재가치로 할인한 것입니다. 따라서 예상 순이익이 높을수록, 할인율이 낮을수록 주가는 비싸집니다. 예를 들어 연간 10억 원의 순이익을 내는 기업의 할인율이 10%라면 이 기업의 가치(시가총액)는 100억 원으로 평가됩니다. 하지만 할인율이 5%라면 무려 200억 원으로 그 가치가 높아집니다.

이때 할인율의 역수를 **PER(주가이익비율)**이라고 합니다. 따라서 PER은 시가총액을 순이익으로 나눈 것입니다. 할인율이 10%라면 PER이 10배이지만, 5%라면 20배가 됩니다. PER을 예상순이익에 곱하면 시가총액을 추정할 수 있으므로 이를 **주가이익배수**라고 표현합니다. PER이 높을수록 해당 기업의 주가이익배수가 높아 시장에서 높게 평가받는다는 의미입니다.

이 경우 PER을 결정하는 변수는 배당성향, 미래 성장성, 자기자본비용(주주의 기대수익률로서 보통 10%로 본다)입니다. 동일한 순이익이라도 배당성향과 미래 성장성이 높을수록, 자기자본비용이 낮을수록 PER이 높아져서(즉, 할인율이 낮아져서) 기업가치가 높게 평가됩니다.

배당성향이란 당기순이익 중 주주배당금이 차지하는 비율을 의미합니다. 당기순이익이 100억 원일 때 주주배당금을 20억 원을 지급한다면 배당성향은 20%가 됩니다. 배당성향이 높은 기업은 번 이익의 상당부분을 주주에게 돌려주는 주주친화적인 기업이므로 모든 주주가 원하는 기업입니다.

(3) PBR

주가(또는 발행주식수를 곱한 시가총액)는 지금 해당 기업이 가지고 있는 자산 중 주주 몫의 재산, 즉 자본의 크기를 가지고 따져볼 수 있습니다. 주가(시가총액)를 그 기업의 자본으로 나눈 것을 **PBR(주가순자산비율)**이라고 합니다.

PBR이 1배이면 주가가 지금 가지고 있는 주주몫의 장부상 재산, 즉 자기자본총액과 동일하다는 의미입니다. 그러나 PBR이 1배 미만이면 기업가치가 현재 갖고 있는 장부상의 자기자본가치에도 못미치는 것이므로 명백한 저평가상태라고 볼 수 있습니다.

PBR을 결정하는 변수에는 PER의 결정변수 3가지 외에 ROE(자기자본순이익률)가 추가됩니다. 따라서 PBR이 1을 넘기 위해서는 PER과 ROE 중에서 적어도 하나는 높아야 합니다. 만약 2가지 모두 낮다면 PBR은 매우 낮은 저평가상태가 될 수밖에 없습니다.

| PBR과 PER 및 ROE의 상관관계 |

(4) 코리아 디스카운트 해소와 기업가치 밸류업의 관계

PBR이 낮을수록 해당 기업의 주가는 명백히 저평가된 것인데 낮은데는 그만한 이유가 있습니다. PBR은 PER에 ROE를 곱한 것과 같으므로 어떤 기업의 PER이 15배이고 ROE가 10%라면 PBR은 1.5배가 됩니다.

그러나 같은 PER 15배에서도 ROE가 4%라면 PBR은 0.6배로 낮아집니다. 또는 ROE가 10%라도 PER이 6배에 불과하다면 PBR은 0.6배로 낮아져서 두 경우 모두 시장가격이 장부상의 자기자본에도 못미치게 됩니다.

| 기업가치(주가)를 결정하는 변수 |

항목	A기업	B기업	C기업	D기업
PER	15배	15배	6배	5배
ROE	10%	4%	10%	4%
PBR	1.5배	0.6배	0.6배	0.2배

전자의 경우 ROE가 낮은 이유는 순이익이 적거나 자기자본이 지나치게 많은 것이 그 이유일 수 있습니다. 자기자본이 많을수록 그에 비례해서 순이익도 많이 나와야 ROE가 유지됩니다. 그런데 매년 발생한 순이익으로 자기자본은 계속 많아지는데 순이익증가율이 자기자본의 증가율을 따라가지 못한다면 ROE는 하락할 수 밖에 없습니다.

㈜삼성전자의 2018년 자기자본은 200조 원이었고 순이익은 40조 원으로 ROE가 무려 20%에 달했습니다. 이후 자기자본의 꾸준한 증가로 자기자본은 2배인 400조 원으로 커졌지만 순이익은 여전히 40조원 내외로서 ROE가 10%로 낮아졌습니다.

㈜삼성전자의 PBR이 1.5배로서 SK하이닉스나 마이크론에 비해 낮은 것은 ROE가 낮기 때문입니다. ROE를 높이기 위해서는 자사주소각이나 배당확대를 통한 자기자본의 축소전략 또는 M&A를 통한 신규사업진출로 순이익을 확대하는 것이 기업가치제고 방법이 될 수 있습니다.

후자의 경우 PER이 낮은 이유는 배당성향과 미래 성장성이 낮거나 사업위험(자기자본비용)이 높기 때문입니다. 이런 경우에는 배당성향을 높임으로써 주주환원에 대한 기대치를 높이는 것이 기업가치제고 방법이 될 수 있습니다.

결국 기업가치가 상승할 투자하기 좋은 기업은 가급적 적은 자기자본으로 많은 순이익을 달성해서 이를 적극적으로 주주에게 환원하는 '주주친화적인 기업'입니다.

재무제표를 째려보는
국세청의 매서운 눈

　재무제표를 바라보는 여러 눈 중에서도 가장 매섭고도 무서운 눈은 국세청의 눈입니다. 국세청(세무서)이 재무제표를 보는 기준은 오직 탈세를 찾기 위한 것입니다. 그러므로 이익을 부풀린 것보다는 줄이는 행위(역분식이라고 함)를 찾게 되는데 세금을 안내기 위해 이익을 줄이는 방법은 수익을 누락하고 비용을 부풀려 잡는 것입니다.

　따라서 국세청에서는 현금매출누락이나 가공경비, 사업과 관련 없는 비용을 찾아내기 위해 사업자가 제출한 재무제표를 전산으로 분석하고 특이점을 체크합니다.

　예를 들어 전산분석결과 매출액 대비 매출원가율이 동종 업계 평균 또는 과거에 비해 너무 높거나, 기업업무추진비 사용액이 지나치게 많거나 근로자 숫자에 비해 복리후생비 지출이 지나치게 많은 등 비정상적인 항목이 발견되면 소명요구나 조사를 하게 됩니다. 이 경우 탈세가 드러나면 가산세와 함께 세금을 추징하게 됩니다.

국세청의 주요 전산분석항목을 소개하면 다음과 같습니다.

(1) 신고소득률 분석

전산분석결과 최근 3~5년간 신고한 소득률(소득금액÷매출액)이 크게 낮아졌다면 그 원인을 매출이 누락됐거나 가공비용이 계상된 것으로 의심하고 이에 대한 소명자료를 요구합니다.

(2) 법정증빙수취비율 분석

비용금액 중 법정증빙수취비율이 낮을 경우 영수증에 의한 허위비용 등 가공경비가능성을 의심받게 됩니다.

(3) 대주주나 대표이사 가족인건비 중 가공경비여부

다른 직장에 근무하거나 군복무 또는 해외유학 중인 자녀 등에게 인건비를 지급한 경우처럼 실제로 근무하지 않는 가족에게 인건비를 지급한 사실이 없는지 확인합니다.

(4) 신용카드사용액 중 사적사용금액 분석

피부미용실, 성형외과, 한의원, 약국, 학원, 백화점 등 카드사용처 분석을 통해 사업과 무관한 지출이 업무추진비에 포함되지 않았는지 분석합니다. 아울러 카드사용일이 주말이나 공유일인 경우와 사용장소가 사업장과 멀리 떨어진 휴가지인 경우가 있는지도 전산으로 체크합니다.

(5) 업무추진비 분산처리

업무추진비한도를 초과한 사업체가 업무추진비를 회의비나 복리후생비, 광고선전비 등 다른 계정으로 분산하여 처리하는 경우가 있으므로 이들 계정의 변동내역을 분석합니다.

(6) 손해보험금수령액을 장부에 누락

개인의 생명보험금은 소득세를 과세하지 않지만 법인과 개인사업체의 손해보험금은 수령시 보험차익(보험금 - 손실자산의 장부가액)으로 회계처리해서 세금을 내야 함에도 불구하고 이를 누락하는 경우가 흔합니다. 그래서 국세청에서는 보험회사가 제출하는 보험금지급명세서를 통해 누락여부를 체크합니다.

(7) 재고조절을 통한 매출원가 과다계상

도소매나 제조업에서 재고자산을 아예 표시하지 않고 매입액 전액을 매출원가로 반영하거나 기말재고액을 축소하여 매출원가를 과대계상하는 경우가 있으므로 매출원가를 분석하여 전년도 또는 동일업종 평균에 비해 현저하게 높다면 소명자료를 요구합니다.

(8) 가지급금 인정이자 회피를 위한 변칙회계

법인의 경우 대표자 등에게 제공된 대여금을 다른 계정과목(미수금이나 선급금 등)으로 변칙처리하는 경우가 있으므로 전산분석을 통해 다른 계정금액의 적정성을 확인합니다.

세무조사에 대비하려면
재무제표에서 이런 것들을 체크하라!

중소사업체에서 회계를 하고 재무제표를 작성하는 가장 큰 이유는 세금신고를 하기 위한 것입니다. 소득세나 법인세는 사업결과 벌어들인 소득에 대해 내는 세금이므로 한 해 동안 얼마를 벌었는지 회계를 해야 알 수 있습니다.

하지만 회계처리과정에서 수입누락이나 오류가 있을 수 있으며 때로는 의도적으로 소득을 축소하는 경우도 있으므로 국세청에서는 재무제표에서 의심스러운 항목을 찾아내서 그에 대한 소명을 요구하거나 직접 조사를 통해 세금을 추징하기도 합니다.

세무조사는 예고없이 찾아올 수 있으며 적절한 사전준비 없이는 큰 리스크로 이어질 수도 있습니다. 특히 재무제표는 세금계산을 위한 핵심자료이므로 세법기준에 따라 정확하고 공정하게 작성해야 합니다.

따라서 매년 재무제표가 작성되면 다음과 같은 사항을 점검해서 미래의 세무리스크를 사전에 없애는 것이 좋습니다.

(1) 매출 및 수익과목

부가가치세 신고서상의 수입금액과 일치하는지 확인합니다. 단, 부가가치세는 모든 재화의 공급에 대해 과세되지만 매출은 재고자산의 공급만을 의미하므로 만약 재고자산 이외의 자산을 매각한 경우에는 매출액보다 부가가치세 과세표준(공급가액)이 다소 많을 수 있습니다.

아울러 모든 매출은 관련 증빙(세금계산서 및 신용카드전표)을 발행해야 하며 증빙이 발행된 금액은 무조건 매출로 잡아야 합니다.

(2) 매입 및 비용과목

매출보다 더 중요한 것이 비용항목입니다. 대부분 세금을 내지 않기 위해 증빙이 없는 가공경비를 잡거나 사업과 무관한 지출을 사업경비로 처리하기 때문입니다. 따라서 비용 중에 업무무관경비가 포함되지 않았는지, 증빙없는 비용이 포함되지 않았는지 확인해야 합니다.

지출건당 3만 원을 초과하는 비용은 반드시 법정증빙(세금계산서·계산서·신용카드전표·현금영수증)을 받아 두어야 합니다.

회계상식

세법에서 허용하지 않는 충당금비용이나 자산평가손실은 아예 반영하지 않는 것이 편합니다. 이런 것들을 비용으로 처리하면 세무조정을 해야 하는데 번거롭고 사후관리(확정되지 않은 비용을 세무상으로 부인한 경우 확정시점까지 비용인정이 연기된 것이므로 계속 사후관리해서 확정된 시점에는 법인세 신고시 비용으로 넣어야 함)도 어렵기 때문입니다.

매출원가율이 과거와 비교해서 지나치게 높지 않은지, 만약 높다면 타당한 이유(원재료나 상품매입가격 상승 등)가 있는지 확인해야 합니다.

(3) 인건비와 외주용역비

특히 주목해서 보는 부분입니다. 실제 근무하지 않는 가족 등에게 인건비를 함부로 지급해서는 안되며 일용근로자에 대한 급여와 프리랜서 등에게 외주용역비를 지급할 때는 반드시 원천징수한 후 지급명세서를 증빙으로 제출해야 합니다. 임원퇴직금 지급시에는 세법상 정해진 한도이내에서 지급해야 합니다.

(4) 자산과목

법인이 임원 등 특수관계인에게 돈을 빌려주고(가지급금 또는 대여금) 이자를 받지 않은 경우 세법에서 정한 이자(연리 4.6%)를 계산해서 법인세를 매기고 당사자에게는 추가급여를 받은 것으로 간주해서 근로소득세를 매깁니다.

나아가 차입금이 있는 경우에는 대여금으로 지급된 돈을 차입금에서 지급한 것으로 간주해서 이자비용의 일부를 인정하지 않습니다.

따라서 이런 금전거래는 가급적 하지 않는 것이 좋으며 거래가 불가피한 경우에는 반드시 세법에 정해진 이자를 주고 받아야 합니다. 비록 금전거래가 아니더라도 특수관계인과의 자산양수도 거래 시 정상시가와 5% 이상(또는 3억 원 이상) 차이가 나면 부당거래로 간주하므로 반드시 정상시가에 맞추어 거래해야 합니다,

유형자산을 팔거나 살 때는 관련 증빙을 주고 받아야 하며 특히 처분에 따른 손익을 정확히 계산해야 합니다. 결산시 감가상각비와 무형자산에 대한 상각비는 가급적 정확하게 반영하되, 매년 계상할 수 있는 범위액을 초과하지 않는 것이 좋습니다.

범위를 초과하는 금액은 세무조정을 통해 비용에서 제외시킬 뿐만 아니라 사후관리(과다한 상각으로 인해 나중에는 감가상각비가 한도액에 미달하는 경우가 발생하는데, 이때에는 다시 세무상 비용으로 넣어야 함)를 해야 하므로 복잡하기 때문입니다.

(5) 부채과목

모든 부채가 빠짐없이 표시돼야 하며 차입금의 경우 관련 계약서 등이 있어야 합니다. 대표이사나 지인으로부터 사적으로 돈을 빌리고 이에 따른 이자를 지급할 때는 이자소득세를 원천징수하고 지급명세서를 제출해야 합니다.

이 경우 이자소득세는 이자지급액의 25%이며 지방소득세를 포함하면 무려 27.5%에 달합니다. 게다가 4.6%를 초과해서 이자를 지급하는 것은 부당거래로 간주합니다. 따라서 부득이한 사정으로 자금을 빌리는 경우에는 아예 이자를 지급하지 않고 나중에 원금만 상환하는 것이 편합니다.

(6) 자본 항목

중소사업체에서 당기순이익을 제외하고는 자본이 변동할 일이 거의 없습니다. 다만, 법인의 배당금지급으로 인해 이익잉여금이 감소한 경우에는 배당소득세를 원천징수하고 지급명세서를 제출해야 합니다. 주주지분에 변동이 생긴 경우에도 양도소득세나 증여세 과세자료를 위해 법인세를 신고할 때 주주지분의 변동내역을 제출해야 합니다.